Hilmar Menke

"... und redet Gutes!"

Hilmar Menke

"... und redet Gutes!"

Predigten zum Kirchenjahr

Fromm Verlag

Impressum/Imprint (nur für Deutschland/ only for Germany)
Bibliografische Information der Deutschen Nationalbibliothek: Die Deutsche Nationalbibliothek verzeichnet diese Publikation in der Deutschen Nationalbibliografie; detaillierte bibliografische Daten sind im Internet über http://dnb.d-nb.de abrufbar.

Coverbild: www.ingimage.com

Contact:
International Book Market Service Ltd., 17 Rue Meldrum, Beau Bassin, 1713-01 Mauritius
Website: www.bookmarketservice.com
Email: info@bookmarketservice.com

Gedruckt in: USA, UK, Deutschland. Dieses Buch wurde nicht in Mauritius produziert.

Imprint (only for USA, GB)
Bibliographic information published by the Deutsche Nationalbibliothek: The Deutsche Nationalbibliothek lists this publication in the Deutsche Nationalbibliografie; detailed bibliographic data are available in the Internet at http://dnb.d-nb.de.

Cover image: www.ingimage.com

Contact:
International Book Market Service Ltd., 17 Rue Meldrum, Beau Bassin, 1713-01 Mauritius
Website: www.bookmarketservice.com
Email: info@bookmarketservice.com

Printed in: U.S.A., U.K., Germany. This book was not produced in Mauritius.

ISBN: 978-3-8416-0228-2

1. Sonntag im Advent Lukas 1, 67-79

Stellen Sie sich vor:

Ich wäre die Treppe zur Kanzel hinaufgegangen - aber die Tür zur Kanzel wäre lange nicht aufgegangen - und dann, so müssten Sie es sich vorstellen, dann wäre ich die Treppe wieder heruntergekommen, hätte mit den Schultern gezuckt und wäre stumm gegangen.

Was hätte Sie wohl gedacht?

So etwas, das berichtet der Evangelist Lukas, so etwas haben Menschen vor fast 2000 Jahren im Tempel in Jerusalem erlebt: Der diensthabende Priester kam stumm aus dem Heiligtum. Die Menschen damals dachten nicht an plötzliche Erkrankung, oder vorübergehende Bewusstseinstrübung; sie ahnten, sie wussten: Da war etwas Besonderes geschehen zwischen dem Priester Zacharias und Gott.

In der Tat: Ein Gottesbote war ihm erschienen, hatte ihm die Geburt eines Sohnes angekündigt, eines Sohnes, der wie Elias ein großer Profet werden sollte.

Zacharias, nicht mehr jung genau wie seine Frau und bisher kinderlos, hatte dem Engel nicht geglaubt. Und deswegen war er stumm und blieb es neun Monate lang.

Was hätte er wohl gerne alles gesprochen in dieser Zeit - nicht nur in den alltäglichen Zusammenhängen, was hätte er gern seiner Frau gesagt und den Menschen, die ihm nahestanden...?

Und als sein Sohn geboren war, da konnte er nur aufschreiben, wie er heißen sollte, so wie der Bote Gottes es ihm aufgetragen hatte: Johannes!

Und als er das aufgeschrieben hatte, da konnte er wieder sprechen.

Was wären meine, was Ihre ersten Worte gewesen nach so langem Schweigen?

Die Worte des Zacharias sind überliefert im Evangelium des Lukas im 1. Kapitel:

Bibeltext Lukas 1, 67-79

Gelobt sei der Herr" - das seine ersten Worte - „Gelobt sei der Herr", aber nicht, weil er von seiner Stummheit erlöst wurde, nicht wie ein „Gott sei Dank" nach langer

Sprachlosigkeit, nicht Stoßseufzer oder gedankenlos dahingesagt.

„Gelobt sei der Herr, denn er hat besucht und erlöst sein Volk"

Gott selber kommt zu seinem Volk, um es herauszulösen aus allem, was es von Gott getrennt hat und trennt.

Mit Worten und Wendungen wie Zacharias sie aus den Psalmen kennt - und wie sie uns ja auch vertraut sind - spricht er von den Feinden, in deren Hände das Volk Gottes gefallen ist, spricht von denen, die das Gottesvolk hassen.

Feinde von außen und Feinde von Innen, so glaube ich, sind gemeint: Die Römer, die das Volk beherrschen genauso wie die im Volk, die sich abgewandt haben von Gott, die sich angepasst haben an die Herrschenden - nicht nur in äußerlichen Moden, Sitten und Gebräuchen, sondern auch in ihrem Glauben.

„Er hat uns aufgerichtet eine Macht des Heils im Hause seines Dieners David" - Zacharias teilt mit seinem Volk die Gewissheit, dass der Retter „aus dem Hause Davids" kommt, Nachkomme des großen Königs sein wird, „wie er vorzeiten geredet hat durch den Mund seiner heiligen Profeten" - wie Gott es schon lange durch seine Profeten verkündigen ließ.

„Dass er Barmherzigkeit erzeigte unseren Vätern und gedächte an seinen heiligen Bund, an den Eid, den er geschworen hat unserem Vater Abraham" - diesen Bund, den Gott mit Abraham geschlossen hat und durch Moses mit dem ganzen Volk, diesen Bund hält Gott, mag kommen, was da will, selbst wenn sein Volk sich von ihm angewandt hat, selbst wenn die Feinde von außen, wenn Eroberung und Besetzung es anders aussehen lassen. Dessen ist Zacharias sich sicher!

Sicher ist er sich aber auch: Jetzt noch „sitzen" die Menschen „in Finsternis und Schatten des Todes". Der Tod wirft seinen Schatten auf alles Leben und auf alles, was Menschen planen und tun. Nichts in dieser Welt, nichts in unserem Leben in dieser Welt ist ohne Ende, alles hat seine Grenzen - auch das Leben selbst.

Die Macht dieser Begrenztheit, dieser Endlichkeit, die Macht des Todes macht das Leben und die Welt finster - und größer wird die Finsternis, weil Menschen sich nicht nur der Macht des Todes beugen, sondern weil sie der Macht des Todes dienen - andere um ihr Leben bringen - und das nicht nur dadurch, dass sie sie umbringen. „Um ihr Leben bringen” kann ich Menschen auch, wenn ich ihnen nicht die Chancen gebe zu einem sicheren, erfüllten Leben, ihnen die Nahrung verweigere und die Bildung, ihnen ihren Lebensraum einschränke oder zerstöre, ihnen die Würde verweigere, die jedem Menschen zusteht, sie als minderwertig einstufe, ausgrenze, hasse...

Diese Finsternis, denke, liegt auch über unserem Land, diese Schatten des Todes entdecke ich hier und da auch unter uns und auch in mir...

Und das alles ist - so weiß es Zacharias - Folge dessen, was er mit der Heiligen Schrift „Sünde” nennt - Folge dessen, dass der Mensch meint, er könne ohne Gott leben, er brauche Gott nicht, er sei selber „wie Gott”.

So verblendet sind wir Menschen

Als ob die Finsternis der Endlichkeit, der Schatten des Todes, noch nicht reiche, macht sich der Mensch noch selber blind gegenüber Gott, will, kann ihn nicht mehr sehen.

Darum müssen uns erst die Augen geöffnet werden, bevor wir überhaupt das sehen können - den sehen können - den Zacharias „das aufgehende Licht aus der Höhe” nennt, den, den Gott uns sendet.

„Du Kindlein” - so wendet er sich an seinen Sohn, Johannes - „ Du, Kindlein, wirst ein Prophet des Höchsten heißen. Denn du wirst dem Herrn vorangehen, dass du seinen Weg bereitest und Erkenntnis des Heils gebest seinem Volk in der Vergebung ihrer Sünden...”

Johannes wird seinem Volk und uns die Möglichkeit geben, zu sehen, die Erkenntnis, dass Gott Sünde vergibt und dass er uns heilen will - er wird und will uns die Augen öffnen.

Johannes wird am Jordan Menschen zur Umkehr zu Gott aufrufen und die, die auf ihn hören, im Jordan taufen als Zeichen der Umkehr zu Gott. Ein Profet wird er sein, der dem den Weg bereitet soll, auf den Gottes Volk so lange gewartet hat.

Wir warten in dieser Zeit des Advent auf das Fest seiner Geburt, bereiten uns vor auf das Kommen des Kindes, in dem Gott selber zu gekommen ist.

Wir wissen, dass auch nach der Geburt Jesu die Welt weiter „in Finsternis und Schatten des Todes" zu liegen scheint, dass viele das „Licht aus der Höhe" (noch) nicht gesehen haben und (noch) nicht sehen können. Wir warten darauf, dass Christus wiederkommt, damit alle Finsternis dem Licht weicht, und der Schatten des Todes dem Licht des ewigen Lebens.

Bis dahin können wir wohl nur das anstreben, was für Zacharias ein Ziel des „göttlichen Besuchs" ist, „dass... wir ihm dienen ohne Furcht unser Leben lang in Heiligkeit und Gerechtigkeit" - in Heiligkeit, das heißt in der Gewissheit, zu Gott zu gehören - in Gerechtigkeit, das heißt im Halten der Gebote Gottes.

Und, und damit schließt das Loblied des Zacharias, damit er „richte unsere Füße auf den Weg der Friedens".

Eine alte Weisheit sagt: Jeder Weg, auch der längste und beschwerlichste, beginnt mit dem ersten Schritt.

Ich denke, die Adventszeit mit all dem, was sie so besonders macht, ist eine gute Zeit, um solche erste Schritte auf dem Weg des Friedens zu gehen: In unseren Familien und Nachbarschaften; Schritte zu und mit denen, die als Fremde unter uns leben; Schritte aufeinander zu in unserer Gemeinde, zwischen den Generationen...

Es gibt so viele Möglichkeiten, einen kleinen Schritt zu wagen.

2. Sonntag im Advent Jesaja 35, 3-10

Es ist schon erstaunlich, was Menschen vermögen, wenn sie ein Ziele haben - es ist geradezu unfassbar, was sie auszuhalten imstande sind, wenn ein sichtbarer, ein gangbarer Weg vor ihnen liegt - und seien die Hindernisse noch so groß, die Bedrohung noch so schrecklich.

Und es ist andererseits erschütternd, wie wenig Menschen doch vermögen, wenn ihnen Weg und Ziel abhandengekommen sind; wie geradezu gelähmt und blind, wie verzagt und müde sie werden, wenn ihre Ziele sich als Fata Morgana entpuppen, als Luftspiegelung, als Fantasieprodukt - wenn Wege eine andere, unvorhergesehene Wendung nehmen, oder sie nur im Kreise führen.

Von solchen Menschen ist beim Profeten die Rede, von Menschen, die nicht nur mit ihren eigenen, individuellen Krankheiten und Behinderungen, Lasten und Sorgen nicht fertig werden, sondern die auch nicht mehr in der Lage sind, mit anderen Menschen zusammen, gemeinsam einen gangbaren Weg zu finden.

Blind und lahm sind sie: Blind, erblindet, weil ihr Leben kein Ziel mehr hat; lahm sind sie, gelähmt, weil es keinen Weg mehr zu geben scheint, den sie gehen können; stumm sind sie, verstummt, weil es niemanden mehr gibt, den sie fragen können, weil ihre Fragen genauso ungehört verhallen wie ihre Klagen; taub sind sie, weil sie auf nichts mehr eine Antwort erhalten.

Ihr Leben gleicht einer Wüste; trocken und verdorrt ist ihr Leben, Raubtiere umlauern sie, Aasfresser warten auf ihren Tod.

Kein Wunder, dass ihre Herzen verzagen - ja eigentlich versagen - aufhören zu schlagen, nachdem ihre Beine sie schon nicht mehr tragen konnten, und ihre Hände sie nicht mehr vorwärts zu ziehen vermochten.

Das Volk, dem die Worte Jesajas gelten, ist nur zu oft in Situationen gewesen, die den geschilderten gleichen, in Situationen, in denen als Weg nur Leiden und als Ziel nur der Tod übrig zu bleiben schien: In der ägyptischen Gefangenschaft ebenso wie in der Zeit der Wüstenwanderung - als Spielball der Großmächte und Verlierer im Krieg - als Gefangene in Babylon - als Vertriebene und Fremde in der ganzen Welt - eingesperrt in die Ghettos der Städte - als Opfer der Vernichtungsmaschinerie, die unser Volk für sie eingerichtet hatte erst recht.

Wie hat dies Volk, wie haben die Menschen damals das gehört und, was der Profet ihnen zu sagen hatte, was haben sie herausgehört? Es hätte ihnen ja wie Hohn vorkommen können, wenn ihnen da Wasser in der Wüste versprochen wird und Heilung aller ihrer Leiden - wenn ihnen Kraft zukommen sollte, Stärke, Zuversicht, Freude, Heimat und Leben. Aber, sie haben es wohl anders gehört, und die wichtigsten Worte sind die, von denen ich bis jetzt noch nicht gesprochen habe: Siehe, da ist euer Gott! Er kommt, er kommt und wird euch helfen. Es wird da eine freie Bahn geben, die man den „Heiligen Weg" nennen wird. Die Erlösten des Herrn werden wiederkommen - nach Jerusalem, nach Zion, mit unausprechlichem Jubel.

Das haben sie wohl gehört: Wenn ihr nicht mehr weiterwisst, wenn euch das Ziel fehlt, wenn ihr nicht wohin ihr gehen könnt, wohin es gehen soll, worauf euer Leben zielt - dann wird das Ziel zu euch kommen: Gott kommt - zu euch! Denn zu ihm seid ihr unterwegs auf allen Wegen und Umwegen des Lebens - und wenn ihr meint, ihn nicht mehr sehen und hören, nicht mehr fragen und ihm nicht mehr klagen zu können - dann kommt er zu euch - und ihr werdet ihn sehen und erkennen.

Dann wird sich der Weg vor euch auftun, den ihr gehen sollt und gehen könnt.

Freilich: Es wird ein Weg auch durch die Wüste bleiben! Kein bequemer und leichter, kein einfacher und gefahrloser Weg - aber es wird immer genug Wasser geben, Teiche, Quellen, Ströme, und kein Raubtier - auch keine menschliches Raubtier - wird diesen Weg betreten können. Gott kommt - zu euch! Ihr werdet ihn hören und seine Zusage; ihr werdet ihn fragen können und ihr werdet gehen können - mit kräftigem Schritt und mit ruhigem, schlagendem Herzen. Gott kommt - euch entgegen. Gott kommt - zu uns - das ist die eine unübertroffene Botschaft des Weihnachtsfestes, auf das wir uns vorbereiten in der Zeit des Advents. Gott kommt auf uns zu; nicht wir suchen das Ziel, sondern das Ziel sucht uns auf - nicht wir suchen den Weg, sondern Gott macht sich auf den Weg zu uns. Manches von dem, was wir in der Zeit vor dem Fest tun, dass wir vielleicht doch noch etwas davon wissen, was das wirklich bedeutet: Wir versuchen, auch mehr als sonst, aufeinander zu zugehen - auch wenn manches, was die Adventszeit nun einmal prägt, vielleicht sogar das Gegenteil bewirkt. Wir versuchen, unsere Mitmenschen mit freundlicheren Augen anzusehen als oft sonst im Jahr - auch wenn dies und jenes dieser Zeit wohl eher den Blick trübt. Wir schöpfen Hoffnung - auch wenn wir die Gefahr um uns sehen, in unserer Welt, die Gefahr des Unfriedens, des Scheiterns, des Versagens - auch derer, die mit ihren Entscheidungen die Wirtschaft lenken und die Politik gestalten. Wir versuchen in dieser Zeit zu feiern - auch wenn es für viele Menschen in der Welt - auch bei uns - nicht allzu viel zu feiern gibt.

Wir versuchen es - wir versuchen, Wege zu zeigen und Ziele zu benennen. Oft scheitern diese Versuche wohl und wir nähern uns vielleicht dann dem, was die Kinder Israels schon erlebt hatten, als Jesaja zu ihnen sprach. Vielleicht ist das so, weil, weil wir es nicht lassen können - wir Menschen - uns doch immer wieder auf den Menschen zu verlassen - darauf, dass die Menschheit, der Einzelne oder Menschen zusammen es doch schon irgendwie schaffen wird, den Weg selber zu finden und auch das Ziel; wenn wir uns nur genug anstrengen. Vielleicht, weil wir so leicht vergessen, dass Gott sein Versprechen ja schon wahr gemacht hat, dass er tatsächlich schon gekommen ist - und dass wir deswegen ihn ja nicht mehr suchen, nicht zu ihm gehen müssen, dass wir keine Hindernisse zu überwinden haben, sondern eigentlich nur zulassen müssen, dass er uns auch wirklich erreicht, ihn ganz nahe kommen lassen.
Denkt daran: Er kommt als ein neugeborenes Kind - wer könnte dem widerstehen?

Dritter Sonntag im Advent Jesaja 40, 1-8

Jeder - so glaube ich, - jeder, der den Auftrag hat zu predigen, Gottes Botschaft weiterzusagen - nicht nur Profeten oder Pastoren - jeder kennt das, kennt diese Frage: Was soll ich predigen? Und eigentlich ist das gar keine Frage - jedenfalls nicht die Frage nach dem Inhalt der Predigt, dem Ziel der Botschaft, dem Zweck des Redens - eigentlich ist es keine Frage: Was soll ich denn noch predigen, warum, wozu - es hat ja doch keinen Sinn - es hat alles keinen Sinn, denn es ändert sich ja doch nichts: Alles, was lebt - alles "Fleisch" - ist doch nur wie das Gras, dessen Grün nicht für die Hoffnung steht - wie man so sagt - sondern für die Vergänglichkeit - alles, was gut erscheinen mag am Leben, ist nur wie eine Blume auf dem Feld: Schöner Schein, schön verpacktes Nichts: Das Gras verdorrt, die Blume verwelkt. Ja, Gras ist das Volk - sogar das Volk Gottes - sogar Gottes Volk vergeht ...

Jeder, der predigen soll und predigen darf - so glaube ich - kennt diese Resignation: 2000 Jahre fast wird das Evangelium gepredigt - und die Welt ist nach wie vor für viele Menschen weglose Wüste, ungebahnte Steppe voll unüberwindbarer Hindernisse auf dem Weg durch das Leben - auf dem Weg zum Leben. Für viele ist Leben eher Strafe als Gabe, eher voll Schuld als gefüllt mit Vergebung, eher Knechtschaft als Freiheit. Viele hören kein freundliches Wort, und das tröstende Wort ist ihnen Fremdwort oder bleibt ihnen leeres Gerede - und von tröstenden Taten wissen sie schon garnichts ...

Opfer der Kriege und Bürgerkriege - Hungernde, und Menschen ohne Heimat - Unterdrückte und Verachtete - missbrauchte Kinder und Frauen - Menschen ohne Zukunft, ohne Arbeit, ohne Obdach - kaum geduldete Fremde, kaum verstandene Abhängige - Menschen, die mit eigener Schuld nicht fertig werden und Menschen, die nicht vergeben können - und alle, alle doch nur auf dem unaufhaltsamen Weg zum Tode ...

Was soll ich denn noch predigen ... !?

Trotzdem spricht die Stimme: „Predige!" Trotzdem ruft die Stimme: „Bereitet dem Herrn den Weg!" Trotzdem spricht unser Gott: „Tröstet, tröstet!"

„Ja", sagt die Stimme, „ja, es ist richtig: Das Gras verdorrt und die Blume verwelkt - es ist so, dass alles, was lebt vergeht; es ist so, dass dies nicht erst mit dem Tode deutlich wird, sondern dass die Vergänglichkeit in das Leben hineinreicht und jeden Tag des Lebens, jeden Schritt auf dem Weg mit bestimmt und oft bedroht. Ja, es stimmt, ruft die Stimme: Die Welt ist Wüste und Steppe, Berg und Tal, uneben, holperig, voll von Stolpersteinen und Fallen".

„Ja", spricht unser Gott, „ja, es gibt Knechtschaft und Unfreiheit und Schuld, die zu beidem führt; es gibt Sünde, die die Strafe in sich selbst trägt, weil sie unfrei macht und uns zu Knechten".

„Tröstet, tröstet", spricht der Herr: Das soll eben weder billiger Trost sein, der die Wirklichkeit der Welt leugnet - noch billige Vertröstung auf ein besseres Jenseits...

Redet freundlich, aber nicht jedem nach dem Munde, jedem, was er hören möchte - nicht Verklärung der Wirklichkeit und schon gar nicht Verklärung dessen, was Menschen zu leisten und zu schaffen vermögen - und gebt denen nicht Recht, die die Resignation predigen ...

„Predige!" Aber nicht das Menschenwort, das heute so ist und morgen anders, das schwankt zwischen Optimismus und Hoffnungslosigkeit, zwischen Sehnsucht und Aufgabe, zwischen "Himmelhoch-jauchzend" und "Zu-Tode-betrübt".

Predige das Wort unseres Gottes, das ewig bleibt: Unverändert bleibt es das Wort der Liebe und der Gnade, das Wort der Vergebung und der Barmherzigkeit, das wirklich "freundliche" Wort, weil es der wirkliche Freund des Lebens spricht, der wirkliche Freund aller seiner Geschöpfe, auch seiner Menschen.

Der sprichwörtliche "Fels in der Brandung" fiel mir als Bild ein, den nichts zu erschüttern vermag - aber nicht einmal dieses Bild stimmt wirklich: Man warte nur lange genug und auch dieser Fels in der Brandung ist nur noch Sand am Ufer des Meeres. Die Unerschütterlichkeit, die Unwandelbarkeit, die Unveränderlichkeit der

Liebe Gottes zu dem, was er geschaffen hat, übersteigt jede Vorstellungskraft und sprengt jedes Bild, jeden Vergleich - weil es in dieser Welt nichts Vergleichbares gibt und weil all unsere Phantasie nicht ausreicht, uns das vorzustellen...

Trotzdem haben wir die Aufgabe, davon zu reden, gerade angesichts all dessen, was in der Welt nicht in Ordnung ist - davon zu reden, gerade weil die Welt so ist, wie sie ist - gerade Gottes Wort zu predigen, weil Menschenwort nichts bewirkt.

Wir haben die Aufgabe, tröstlich zu reden: Gottes Vergebung zu verkündigen - freundlich zu reden: Gottes Liebe zu verkündigen.

Das kann Wege bahnen in den Wüsten und Steppen in den unüberwindbar erscheinenden Bergen unserer Welt und unseres Lebens. Denn Gott selbst hat sich den Weg zu uns gebahnt - Gott selbst hat die unüberwindlichen Hindernisse beseitigt.

Er ist zu uns gekommen, seine Herrlichkeit ist offenbar geworden und alle haben es sehen können. Aber, was haben sie gesehen?

Ein neugeborenes Kind in der Fremde in einem Stall in einer Krippe - das war Gottes Weg in die Wüste. Von seiner Liebe reden, einige Menschen heilen, einige von der Knechtschaft der Besessenheit befreien, einige zu Umkehr bewegen, wenige zu Nachfolgern und Nachfolgerinnen werden lassen - das war seine ebene Bahn in der Steppe - sich nicht abbringen lassen von dem Weg, nicht durch Verfolgung und Verrat, nicht durch Verlassensein und Verleugnetwerden - das war sein gerader Weg - erniedrigt durch den Spott und erhöht ans Kreuz - das war seine Herrlichkeit ...

Was gibt uns da das Recht zu resignieren?!

Es spricht eine Stimme: Predige! Und wenn ich spreche: Was soll ich predigen? und wenn das eine wirkliche Frage ist, dann gibt es eben nur die Antwort: Das sollst du predigen - genau das!

Und dann kann ich mir die Augen öffnen lassen dafür wie eben in der Wüste der Welt Gott sich auch heute, auch in meiner Umgebung, auch in meinem Leben Bahn bricht.

Dann muss ich nicht resignieren, weil nicht die ganze Wüste sofort zu fruchtbarem Land wird.

Dann kann ich sehen, wie Gottes Liebe mit ganz kleinen Schritten durch die Steppe in unser Leben kommt.
Dann kann ich mich freuen daran, dass Gras wächst und Blumen blühen, ohne zu fordern, es müsse immer grün bleiben und stets in Blüte stehen, ohne gleich an die Vergänglichkeit zu denken ...
Dann kann ich selber dem einen oder anderen Menschen Steine aus dem Weg räumen - kleine vielleicht nur - über Hindernisse helfen, wenn ich sie schon nicht beseitigen kann - eine kleine Blüte blühen lassen ...

4. Sonntag im Advent Philipper 4, 4-7

Die Untergebenen sind angetreten. In einer Linie ausgerichtet stehen sie da - jeder ein Glas in der Hand. Angetreten zur Weihnachtsfeier, wie der geschmückte Baum im Hintergrund zeigt. Vor ihnen steht - ebenfalls mit einem Glas in der Hand - ihr Vorgesetzter: "Freut euch!", herrscht er sie an.

So hat eine Karikaturistin ihr Schreckensbild von einer Weihnachtsfeier gezeichnet: genormte Feierlichkeit, verordnete Andacht, befohlene Freude...

Ob es ihr vielleicht doch noch um mehr ging als um die Kritik an manchen Advents- und Weihnachtsfeiern; ob sie vielleicht sogar an die Worte des Apostels an die Gemeinde in Philippi gedacht hat, die wir gerade hörten: "Freuet euch... allewege... und abermals sage ich: Freuet euch!"?

Ja, man könnte das, was Paulus schreibt, so verstehen: Als Befehl zur Freude, als Kommando: „Antreten zum Freuen!".

Aber, das kann ja doch nicht sein. Jeder vernünftige Mensch weiß, dass Freude nicht angeordnet werden kann, und dass niemand sich auf Kommando zu freuen vermag. Freude kommt von Innen, braucht einen Grund und einen Anlass, braucht Zeit, sich zu entwickeln und zu entfalten.

Oder sollte der Apostel doch meinen, was in der Karikatur angedeutet ist: Hauptsache ist nicht die Freude, die ich empfinde, sondern die, die ich zeige - und da gibt es schon viele Gründe, sich erfreut zu zeigen auch ohne innere Beteiligung:

Wenn es gilt, den Vorgesetzten nicht zu verärgern, den Geschäftspartner nicht zu verstimmen, den Kunden nicht zu verlieren, Menschen und Institutionen bei Laune zu halten, die wir brauchen. Vor allem aber der Wunsch, Menschen, die uns nahestehen, die uns eine Freude machen wollen, nicht zu enttäuschen - und dies letztere sicher gerade im Advent und zu Weihnachten. Wer kennt nicht die Enttäuschung, wenn das mit viel Liebe geplante Familientreffen geradezu boykottiert wird,

wenn das sorgsam ausgesuchte Geschenk offenkundig nicht "ankommt", wenn es nicht gelingt, jemandem eine Freude zu machen, wenn gar Unfriede und Streit aufkommen...

Es könnte ja geradezu ein Zeichen der Güte sein, die wir allen Menschen zeigen sollen, wenn wir hier und da Freude zeigen auch gegen unsere Empfindung.

Trotzdem: Wenn der Apostel schreibt: „Freuet euch in dem Herrn...", dann meint er sicher nicht, dass wir unserem Herrn zu Gefallen Freude vorspiegeln sollten, die wir nicht empfinden.

Und gerade die doppelte Aufforderung zur Freude zeigt, wie viel mehr dies eine inständige Bitte ist als ein Befehl.

Deutlich sagt Paulus, worauf die Freude - die Freude "in dem Herrn" sich gründet: "Der Herr ist nahe".

Das war ja doch die Erfahrung gewesen, die die Junger und Freunde Jesu gemacht hatten, als er ihnen zu entgleiten, fern zu werden schien: Den Gekreuzigten hatten sie als den Lebendigen erlebt, den "vor ihren Augen aufgehobenen" als den, der ihnen in der Kraft des göttlichen Geistes nahe blieb - ja erst recht nahe kam und ihr Leben grundlegend veränderte. Und so hatte es Paulus selbst auch erlebt - fast so wie die Profeten des ersten Bundes: Da vor Damaskus, da hatte ihn die Nähe des Herrn, geradezu "umgehauen", blind zunächst und sprachlos gemacht - damit aus dem Verfolger der Verkünder werden konnte, der sagen konnte: "Der Herr ist nahe!"

Aber die frühen Christen erwarteten eben doch auch Wiederkunft Christi - noch zu ihren Lebzeiten - die "Nähe" des Herrn verstanden sie auch, vielleicht vor allem sogar, zeitlich - er kommt bald, er ist schon in der Nähe, nicht lange mehr und er ist da - und mit jedem Tag, jedem Jahr geriet ihre Hoffnung in die Gefahr zu schwinden, ihre Zuversicht in die Gefahr, der Resignation zu weichen, ihre Freude wandelte sich in Sorge, ihre Botschaft von der Nähe Gottes wich der bangen Frage, wo er denn bleibe und warum er nicht komme.

Ihr habt Grund zur Freude, ihr dürft euch freuen, ihr müsst nicht resignieren und braucht euch nicht zu sorgen - vor allem nicht zu sorgen um die Nähe eures Herrn -

er ist nahe - das ist Paulus' Botschaft in dieser Situation.

Leicht zu verstehen ist das nicht - nicht nur der Friede Gottes ist "höher als alle Vernunft" - auch die Nähe Jesu Christi "geht über unseren Verstand" - ist auch nicht so einfach zu beschreiben mit einem Entweder-Oder; etwa: Entweder ist er da und nahe, oder er ist in der Nähe, aber noch nicht bei uns.

Die Adventszeit - so glaube ich - lässt uns etwas von dieser Spannung spüren: Wir bereiten uns vor auf das Kommen Jesu Christi in diese Welt - so, als sei er noch nicht da - so, als sei Weihnachten noch nie gewesen, als müsse alles erst geschehen - und zugleich ist sein Nähe jetzt, hier und heute, in meinem Leben die Voraussetzung dafür, überhaupt an Weihnachten denken zu können.

Ohne seine Nähe jedenfalls wäre die Karikatur Wirklichkeit...

Im Evangelium können wir von der Begegnung der schwangeren Maria mit ihrer Verwandten Elisabeth lesen: Vielleicht ist das ein Bild für unsere Situation - nicht nur, aber gerade in der Adventszeit: Das Kind ist noch nicht geboren, aber es ist nahe, wirklich nahe - nicht nur der Mutter, auch der Freundin, die ihr begegnet und deren noch ungeborenem Kind - und die große Freude erfasst sie alle.

Maria in dieser Situation etwas, was der Apostel Paulus den Seinen auch empfiehlt: Sie lässt ihr "Bitten in Gebet und Flehen" - vor allem aber "mit Danksagung vor Gott kundwerden" - sie sorgt sich nicht, obwohl sie doch so viel Grund zur Sorge hat - weil die Freude über die Nähe Gottes alles andere überstrahlt und überwiegt - sie hat den Frieden gespürt, den die Nähe Gottes in das Leben bringt, den Frieden, der "höher ist, als wir begreifen" und der uns wirklich bewahrt mit Herz und Sinn...

Da ist aber noch etwas - und auch das ist etwas, was diese Zeit besonders prägt - da ist das, was Paulus meint, wenn er schreibt: "Eure Güte lasst kundsein allen Menschen! Der Herr ist nahe!" - es geht eben nicht um irgendeine Freundlichkeit etwa nach dem Motto: „Seid nett zu einander" - sondern um das, was der Apostel im Brief an Titus "die Freundlichkeit und Menschenliebe Gottes, unseres Heilands" nennt - es geht um die Menschenliebe Gottes in Jesus Christus.

Wir können "unsere Güte" wirklich allen Menschen bekannt werden lassen, weil sie im Grunde nicht "unsere", sondern seine Güte ist - wir können sie wirklich werden lassen, wenn wir den Mitmenschen nahe kommen oder sie uns nahekommen lassen; wenn das, was sie bewegt, was sie freut oder ärgert, was sie ängstigt oder hoffen lässt, was sie ersehnen oder befürchten uns nahe geht - damit wir sie verstehen; weil wir wollen, dass sie uns verstehen, wenn wir ihnen sagen: Der Herr ist nahe" und wenn wir sie bitten: „Freuet euch in dem Herrn; sorgt euch um nichts; tragt vor Gott, was euch bewegt; lasst mit euch Frieden schliefen - den Frieden Gottes, der so unbegreiflich ist. Amen

Christvesper Titus 2, 11-14

„Heilsam" - ein Wort, das ich mag - ein Wort, bei dem vieles anklingt und mitschwingt wie beim Klang einer Glocke zu Weihnachten: Erinnerungen an die Kindheit, wenn ein gutes Wort und die Umarmung der Mutter so viele von den kleinen Wehwehchen heilte; wenn ein Pflaster - vielleicht sogar unnötigerweise aufgeklebt - den Schmerz vergessen ließ. Erinnerungen eher an kühlende Umschläge, lindernde Salben und selbstgekochte Säfte - eher an „Heilmittel" als an Medikamente oder Apparate oder das Skalpell.

„Heilsam" so manches, das eben weiter reicht als bis zum Körper, das die kleinen oder großen Verwundungen der Seele heilt - das zerstörtes Vertrauen wiederherstellt, Trennungen überwindet, Schuld vergibt...

Vielleicht haben viele es verlernt, in Heilung das zu erkennen, was Paulus „Gnade" nennt, weil wir noch dem Bild anhängen, als sei der Körper letztlich doch so etwas wie eine Maschine, auf deren Reparatur wir ein Recht haben; oder - unbewusst vielleicht - meinen, Gesundheit sei ein Anspruch wie die Leistung von Krankenkassen.

Aber, Gesundheit ist Gabe, gesund werden ist Geschenk, Heilung ist Gnade.

Paulus - selber von schweren Krankheiten geplagt - weiß das. Und darum nimmt er dieses Wort auf, wenn er von dem spricht, was Gott für ihn und für uns und für alle Menschen getan hat - für das, was erschienen ist in Bethlehem, im Stall, in der Krippe und was an jedem Weihnachtsfest neu erscheint: Die „heilsame Gnade Gottes". Das Geschehen der Heiligen Nacht heilt das, was verletzt ist - nicht mehr und nicht weniger als das Verhältnis zwischen Mensch und Gott:

Verletzt, ja zerstört ist es, weil - so berichtet das Alte Testament - weil schon die ersten Menschen sich einreden ließen, sie könnten ohne Gott auskommen, ja, weil sie sich der Illusion überließen: „Ihr werdet sein wie Gott", weil sie selber Gott werden, Gott sein wollten.

Alle Generationen danach haben dies geerbt - bis auf den heutigen Tag - und es hat schreckliche Folgen gehabt für das Miteinander der Menschen - wie die Geschichte der ersten menschlichen Brüder Kain und Abel schon zeigt - und wie wir es erleben in all dem, was Menschen einander antun bis heute.
Der Mensch macht sich zum Gott - bestimmt über Gut und Böse - bestimmt über das Leben seiner Mitmenschen und meint, über sich selber zu bestimmen.
Gottes Antwort darauf kehrt alles um: Auf den unmöglichen Versuch des Menschen, Gott zu werden, antwortet Gott mit seiner großen Möglichkeit: Er wird Mensch.
Er wird Mensch, genauso, wie auch wir Menschen werden: Geboren als kleines Kind. Er wird Mensch, wie es viele Menschen werden: Im Notquartier in der Fremde: Weil der römische Kaiser, der sich als Gott verehren lässt, die zählen lassen will, über die er herrscht! Er wird Mensch, wie es viele Menschen werden: Kaum zur Kenntnis genommen - nur von einigen Hirten, von Menschen, die in schlechtem Ruf standen und von drei Fremden...
Das ist kein Trostpflaster, aufgeklebt auf eine verletzte Welt - und die Engel singen nicht „Heile, heile Gänschen, es ist bald wieder gut"; das ist - von Gott aus gesehen - eher so etwas wie eine schwere und schmerzhafte, ja eine lebensgefährliche Operation: Gott wird Mensch - und Menschen verfolgen ihn mit ihrem Hass von Geburt an und bringen ihn um am Kreuz.
Vom Menschen aus gesehen ist das Weihnachtsgeschehen aber eben „heilsam" in dem Sinn, wie ich es am Anfang zu beschreiben versuchte: Eine Umarmung des gnädigen Gottes - ein gutes Wort aus seinem Munde - linderndes Heilmittel.
Darum wohl empfinden wir auch den Stall und die Krippe als Idyll, als ein Stück „heile Welt"; darum wohl wünschen wir uns Weihnachten so feierlich und freundlich; darum versuchen wir in aller Unzulänglichkeit einander Freude zu machen, Zuneigung zu zeigen, menschliche Nähe, Wärme, Helligkeit - eben weil wir es spüren, dass Gott auch uns heil.

Es ist schön, etwas geschenkt zu bekommen. Die Bescherung ist gewesen, die Geschenke sind ausgepackt und begutachtet; wir haben uns bedankt und die Schenkenden gelobt - für die Erfüllung unserer Wünsche oder für das Erspüren dessen, was uns Freude macht - für die Liebe, die darin sichtbar wird.

Und jetzt haben wir gesungen oder gehört:

(1) Lobt Gott, ihr Christen alle gleich, in seinem höchsten Thron,

der heut schließt auf sein Himmelreich und schenkt uns seinen Sohn

Es ist schön, etwas geschenkt zu bekommen: Das größte Geschenk ist, wenn sich uns jemand selber schenkt, mit ihrem oder seinem ganzen Sein, mit allem, was er ist. Das hat Gott getan in seinem Sohn: Sich selber uns geschenkt - ganz und gar! Dafür singen wir sein Lob "alle gleich", obwohl wir auch heute nicht alle "gleich" sind - nicht einmal wir hier Versammelten: Abgespannt und müde die einen, voll Energie andere; glücklich oder traurig; voll Hoffnung oder voll Skepsis; wohl versorgt mit Allem oder bedürftig; umgeben von Menschen, die zu uns gehören oder allein; heimatlos oder geborgen... für uns alle hat sich der Himmel aufgetan, auch wenn es den Himmel auf Erden für niemanden gibt. Wie sollte es auch so sein, gab es den Himmel auf Erden doch auch für das Kind in der Krippe nicht, das zu uns "allen gleich" gekommen ist, wie wir gesungen haben:

(2) *Er kommt aus seines Vaters Schoß und wird ein Kindlein klein,*

er liegt dort elend, nackt und bloß in einem Krippelein.

"Elend", das heißt ursprünglich "in der Fremde", dort, wo man nicht hingehört: Kein Kind gehört in einen Trog, aus dem das Vieh frisst, selbst wenn er in der Heimat stünde, in Nazareth und nicht in Bethlehem. Und: "nackt und bloß", das bedeutet mehr als "ohne Kleidung" - wohl auch: Ohne Schutz, ausgeliefert nicht nur den Blicken. So begibt Gott sich in die Welt, so gibt Gott sich in unsere Hände, nicht als der Gewaltige, den wir im Glaubensbekenntnis den Allmächtigen nennen, den Schöpfer des Himmels und der Erde:

(3) *Er äußert sich all seiner G'walt, wird niedrig und gering*
und nimmt an eines Knechts Gestalt, der Schöpfer aller Ding.

"Niedrig und gering"- nicht immer galten Kinder so viel wie heute in unserem Teil der Welt - nicht nur machtlos waren - und sind - sie, auch ohne Rechte: sie haben nicht nur keine Gewalt über andere, sie sind oft genug der Gewalt ausgesetzt - auch bei uns; sie sind nicht frei und können nicht selbst entscheiden, sie sind abhängig - nicht nur materiell. Abhängig, unfrei, rechtlos - in Gestalt eines Knechtes schenkt sich Gott uns Menschen in der Heiligen Nacht - wohl, damit wir nicht mehr erschrecken vor seiner Macht, uns nicht fürchten vor seiner Gewalt, uns nicht scheuen vor seiner Hoheit. So kann ich es mir erklären: aber es bleibt trotzdem "wunderlich", wie es im Lied heißt:

(4) *Er wechselt mit uns wunderlich: Fleisch und Blut nimmt er an*
und gibt uns in seins Vaters Reich die klare Gottheit dran.

"Wunderlich" fürwahr - wer tut schon so etwas? Wer gibt alles auf, was für den Menschen erstrebenswert ist - wer "gibt die klare Gottheit dran", wo doch - wie uns die Bibel erzählt - schon die ersten Menschen im Paradies nur zu gern auf die Einflüsterung des Versuchers hörten: Ihr werdet sein wie Gott!? Mit Gott den Platz tauschen, das wollten die, die den Turmbau zu Babel errichteten. Heute fliegen Menschen ins All, schaffen neue Lebewesen, träumen von der ewigen Erhaltung des Lebens, könnten die ganze Menschheit vernichten - und sprechen nicht einmal mehr von Gott, an dessen Stelle sie zu treten wähnen; glauben sie seien die Herren über alles und jeden - auch über das Leben: Das mag ein Wechsel sein - ein Wechsel auf die Zukunft, dessen Einlösung ich nicht erleben möchte - mit Folgen, die wir kaum abzuschätzen vermögen - mit Auswirkungen, die mir Angst machen.

Aber Gott selbst wechselt auf seine Weise:

(5) Er wird ein Knecht und ich ein Herr; das mag ein Wechsel sein!
Wie könnt es doch sein freundlicher, das herze Jesulein.

Könnte Gott noch "freundlicher" sein, noch mehr, noch enger Freund des Menschen.

Wenn er "wechselt", dann nicht in eine "wechselhafte" Beziehung, heute so und morgen anders - wie denn angeblich ja auch Liebe und Hass dicht beieinander liegen sollen. Wenn er "wechselt", dann nicht in das Falschgeld vorgetäuschter Freundschaft und vorgespielter Liebe - dann lässt er es sich alles kosten! Sogar seinen Sohn! Sogar sein Leben! Ganz gleich wie seine Menschen darauf antworten - ob mit Liebe oder Ablehnung, mit Freude oder Gleichgültigkeit.

Wenn Gott handelt, dann mit ganzem Herzen. Das "herze Jesulein" ist nicht nur das Krippenkind - oft idealisierte und idyllisch missverstanden, sondern auch der, dessen Herzblut am Kreuz fließt!

(6) Heut schließt er wieder auf die Tür zum schönen Paradeis;
der Cherub steht nicht mehr dafür. Gott sei Lob, Ehr und Preis,

Lieben wir darum Weihnachten so, weil es so ist, als täten wir einen Blick in das Paradies, als gäbe es einen kleinen Vorgeschmack auf den Garten Eden.....

Gott sei Lob, Ehr und Preis! Amen

1. Weihnachtsfeiertag Psalm 96, 1-3. 9-13

Wenn es Weihnachten wird, dann singen viele Menschen - auch solche, die es sonst das ganze Jahr nicht tun - viele singen wirklich einmal wieder selbst: Kunstvoll und wohltönend die Einen - unbeholfen bis falsch Andere; zusammen mit anderen, begleitet von Instrumenten, bei Weihnachtsfeiern und in Gottesdiensten die einen - auch mancher Mensch allein für sich - vielleicht zur Begleitung der unvermeidlichen Weihnachtslieder aus den Lautsprechern allüberall: Mitgesungen, mitgesummt, mitgebrummt...

Ein neues Lied - angesungen gegen das Alte Lied:

Das Alte Lied, das ist das, was wir Tag für Tag anstimmen - und das brauchen wir nicht einmal zu singen, das können wir recht gut auch sagen: das Alte Lied von der sich nicht verändernden Welt und den sich nicht ändernden Menschen:

Von den Kriegen unter den Völkern, die nicht aufhören wollen - von den Verhandlungen, die zum Ritual verkommen sind, von den Waffenstillständen, die das Papier nicht wert sind, auf dem sie stehen - und von uns, die sich schon fast daran gewöhnt haben - oder, denen in ohnmächtigem Zorn nichts anderes mehr einfallen will, als der Ruf nach der Gewalt, die die Gewalt beenden soll ...

Das Alte Lied von den immer neuen Kämpfen in immer neuen Gegenden unserer Welt, unter Völkern deren Namen wir bisher kaum kannten und kaum auszusprechen vermochten...

Das Alte Lied von den "Bäumen im Wald", die keinen Grund zum Jauchzen haben und denen es nichts hilft, dass man den "Waldschadensbericht" schon vor Jahren in "Waldzustandsbericht" umbenannt hat (das ist kein "neues Lied" nur ein neues Etikett!) - das alte Lied vom Meer, das eher vor Chemie schäumt als vor Freude braust - vom Feld, auf dem kein "Fröhlicher Landmann" Fröhlichkeit verbreitet..

Das Alte Lied von der Ungerechtigkeit, mit der die Güter dieser Welt verteilt sind - weltweit wie in unserem Land - das Alte Lied vom Menschen, der sich als König, als Krone der Schöpfung, als Herrscher der Welt fühlt und zugleich sein Ohnmacht spürt - jenes alte Lied, das ein Liedermacher so gesungen hat: "Alles im Griff auf dem sinkenden Schiff".

Viele Menschen würden sich da den richtenden Gott wünschen, von dem im Psalm auch gesprochen wird, dessen Gerechtigkeit die Menschen straft, die all das Leid über andere Menschen und diese Welt bringen, den rächenden und mit Gewalt verändernden - den König, der herrscht wie Herrscher es eben tun - den, den man fürchten muss und nicht nur mit etwas Ehrfurcht begegnen soll...

Dann gäbe es ein neues Lied zu singen!

Immer schon ist das wohl Wunsch und Wille vieler Menschen gewesen, Hoffen und Harren gerade des Volkes, das er sich ausgesucht hat, um an und in ihm zu zeigen, wer er ist.

Aber, Gott weigert sich, diesem Wunsch nachzugeben, diese Hoffnung zu erfüllen, er weigert sich, sozusagen dies neue Lied in der Welt anzustimmen - weil es eben doch nur wieder das Alte Lied wäre - von Gewalt und Gegengewalt, von Zwang und Unterdrückung, von Herrschaft und Strafe.

Gott selber stimmt das neue Lied an, das es Menschen ermöglichen soll, von sich aus, ohne Zwang, ohne Druck, ohne Furcht mit einzustimmen...

Und dies Lied, das geht eben so:

"Fürchtet euch nicht! Siehe ich verkündige euch große Freude, die allem Volk widerfahren wird; denn euch ist heute der Heiland geboren, welcher ist Christus, der Herr, in der Stadt Davids. Und das habt zu Zeichen: ihr werdet finden das Kind in Windeln gewickelt und in einer Krippe liegen. Ehre sei Gott in der Höhe und Frieden auf Erden und den Menschen ein Wohlgefallen".

Gottes Herrlichkeit ist die Fremde, der Stall, die Krippe und sein "heiliger Schmuck" sind nichts anderes als die Windeln und später sogar das Kreuz - und trotzdem bewegt das die Welt - schon damals: Hirten kommen aus der Nähe und Weise aus der Ferne, um Gottes Herrlichkeit zu sehen und zu hören.

Gottes Herrlichkeit ist ein neugeborenes Kind, vor dem sich eigentlich niemand fürchten muss, nicht einmal fürchten kann, und vor dem sich offenbar die Herrscher dieser Welt doch so sehr fürchten, dass einer von ihnen es gleich nach der Geburt umbringen lassen will.

Seine Wahrheit ist seine Liebe zu seiner ganzen Schöpfung, zu seiner ganzen Erde, zu Wald und Feld und Baum, zum Meer und zum Erdreich mit allem, was darin und darauf lebt - auch zum Menschen, der oft so wenig liebenswert ist und so wenig liebenswert handelt und trotzdem oder gerade deswegen so sehr die Liebe braucht: Auch darum kommt er in diese Welt als neugeborenes Kind - Zeichen des Lebens und der Liebe - vor allem Zeichen der Liebebedürftigkeit allen Lebens. Seine Gerechtigkeit ist seine Gnade: Vergeben und Verzeihen, Befreien und Erlösen - auch dafür ist das Kind in der Krippe ein unverkennbares Zeichen: Verzicht auf Macht und Kraft, Verzicht auf Drohung und Strafe ...

Das ist das Wunder - das Wunder, von dem der Engel erzählt, und von dem die Hirten berichten.

Und dies Wunder wirkt Wunder:

Es bewirkt, dass auch heute nach 2.000 Jahren genau dies geschieht: Dass Gottes Heil verkündet wird "von Tag zu Tag", von Jahr zu Jahr - "nicht nur zur Weihnachtszeit"; dass erzählt wird überall von seiner Herrlichkeit; dass Menschen zu Gott rufen im Gebet - und dass sein Lob gesungen wird - gerade zu Weihnachten.

Gottes Wunder wirkt Wunder:

Es bewirkt, dass viele Menschen sich daran erinnern, dass sie nicht allein und für sich leben - dass sie sich dem Nächsten (und manchmal ist das wirklich der, der einem eigentlich am nächsten steht) wieder zuwenden, der ihnen vielleicht fremd geworden ist - es bewirkt, dass in all dem Stress der Vorbereitung auf das Fest der Wille, die Absicht, die Hoffnung darauf zum Tragen kommt, es dem Mitmenschen schön zu machen, liebevoll.... Es bewirkt, dass es - weit mehr als oft angenommen - wirklich vielen Menschen darum geht, anderen Freude zu machen und miteinander fröhlich zu sein - in aller Unvollkommenheit - mit manchen Missverständnissen - mit gelegentlich untauglichen Mitteln - wie es uns Menschen eben möglich ist - so wie wir eben mit unseren Möglichkeiten Gott unsere Lieder zu singen vermögen: So wie die Menschen, die zu uns gehören - so glaube ich - zu Weihnachten eher bereit sind, auch unsere unvollkommene Versuche, ihnen Freude zu machen und Liebe zu zeigen, verstehen und akzeptieren; so - glaube ich - versteht Gott auch unser Beten und Singen - auch wenn es nur Summen und Brummen ist.

Und, dass es oft die alten, öfter noch die ganz alten Lieder sind, die wir singen - das ist kein Zufall - das ist auch nicht unbedingt ein Zeichen von Unbeweglichkeit oder Unvermögen:

Gottes Liebe bleibt dieselbe - und die Geschichte, wie diese Liebe in die Welt gekommen ist, bleibt auch dieselbe - eine alte Geschichte und doch immer neu.

Neu deswegen, weil sie nicht von dieser Welt ist, nicht vom Menschen gefunden oder ersonnen.

2. Weihnachtsfeiertag Hebräer 1, 1-3

"Das ist mein letztes Wort!" - wie oft gehört - wie oft gesagt: Wenn alles Reden nichts genutzt hat, weder Bitten noch Befehlen, weder Angebot noch Auftrag, weder Drohung noch Versprechen; wenn alle Argumente ausgetauscht und wenn die Geduld aufgebraucht ist. "Das ist mein letztes Wort! - Jetzt reicht's!"

Wie oft hat Gott geredet - auf wie vielfältige Weise - immer wieder:

"Es werde Licht" und "Lasst uns Menschen machen, ein Bild das uns gleich sei" - ganz am Anfang der Welt - "Füllt die Erde und macht sie euch untertan" (vielleicht das einzige Gebot, das die Menschheit allzu wörtlich befolgt hat!?) - gesprochen hat er in den Wassern der Sintflut und im Regenbogen am Himmel: "Ich will hinfort nicht mehr die Erde verfluchen um der Menschen willen!" - gesprochen hat er in der Verheißung an Abraham und im brennenden Dornbusch zu Moses, mit dem er im Zelt der Begegnung "redete von Angesicht zu Angesicht, wie ein Mann mit seinem Freund redet" - gesprochen hat er in Wolken- und Feuersäule und in den Geboten am Sinai: Ich bin der Herr, dein Gott, du sollst keine anderen Götter haben neben mir" - gesprochen in der Katastrophe als das Land erobert, das Volk nach Babylon verschleppt wurde - und in der Rückkehr ins gelobte Land - in der Zerstörung seines Tempels wie im Bau eines neuen - gesprochen durch die Profeten, die seinem Volk allzu oft sagen mussten, was es erwartete, wenn es den Bund mit Gott nicht hielt - und die doch immer wieder sein Heil verkündeten und von dem Kind sprachen, das "Immanuel" = "Gott ist mit uns" heißen sollte, von dem Reis, das aufgehen sollte aus dem Stamm Isais, von dem gerechten Spross Davids, von dem neuen Bund ...

Wie oft und wie vielfältig hat Gott gesprochen zu seinem Volk - gar nicht zu reden von der Vielfalt, in der andere Völker Gottes Wort gehört haben mögen...

Nichts hat es genutzt - auf nichts haben sie gehört, die Menschen: Die Warnungen haben sie in den Wind geschlagen, die Verheißungen gedeutet nach ihrem eigenen Wohlgefallen, all die Zeichen übersehen und all die Worte überhört.

"Das ist mein letztes Wort! - das heißt doch auch: "Wer nicht hören will, muss fühlen!" - muss fühlen, dass ich nun wirklich nicht mehr will, den Abbruch aller Verbindung, oder die Strafe, die auf dem Fuße folgt...

Gottes letztes Wort ist ganz anders: Nachdem er vorzeiten vielfach und auf vielerlei Weise geredet hat zu den Vätern durch die Profeten, hat er in diesen letzten Tagen zu uns geredet durch den Sohn..." Sein letztes Wort ist er selber in dem Kind in der Krippe von Bethlehem - Das "Wort", das - wie der Evangelist Johannes sagte - "im Anfang" war und das Gott selber war - "durch den er auch die Welt gemacht hat" - wie wir im Hebräerbrief gelesen haben "Abglanz seiner Herrlichkeit und Ebenbild seines Wesens", wirklich Bild Gottes - der Mensch, so wie Gott ihn gewollt hat, in dem wir wirklich Gott selbst sehen und erkennen - das "Licht der Menschen, das in der Finsternis scheint".

Gottes letztes Wort ist das, was die Engel den Hirten sagen, das Wort von der großen Freude und dem Heiland, der geboren ist - von der Ehre Gottes im Himmel und dem Frieden auf Erden - dem Frieden, den Gott - als letztes Wort! - mit uns Menschen geschlossen hat.

Gottes letztes Wort ist nicht die letzte Warnung und schon gar nicht die endgültige Drohung, nicht die alles vernichtende Tat und nicht der Abbruch aller Beziehungen - im Gegenteil: Es ist die größtmögliche Vereinigung "Gott wird Mensch, dir Mensch zugute, Gottes Kind, das verbind't sich mit unsrem Blute" - Gottes Liebe bekommt Fleisch und Blut, wird sichtbar und greifbar in dem Kind, das die Herzen der Menschen anrührt damals wie heute - "er trägt alle Dinge mit seinem Wort" - nicht weil dieses Kind als junger Mann ein so gewaltiger Redner wurde, dessen Gleichnisse bis heute sogar von Menschen bewundert werden, die sonst nur sehr wenig mit ihm im Sinn haben - sondern weil er "in Vollmacht" redete - weil wirklich
Gott selber durch ihn sprach, so dass es die Menschen bewegte - dass gerade die sich getragen fühlten von der Kraft dieses Wortes, die am Rande der Gesellschaft lebten, ausgeschlossen, verachtet, abgeschrieben - und dass gerade die ihre Macht schwin-

den sahen, die das Sagen hatten in Politik und Religion - Herodes, der kleine König von Roms Gnaden genauso wie die Priester und Schriftgelehrten, die meinten, sie allein könnten Gottes Wort richtig verstehen und deuten - sei allein wüssten, wie Gott seine Verheißung zu erfüllen habe - wie Gottes letztes Wort zu lauten hätte...

"Die Reinigung von den Sünden" - so der Hebräerbrief - hat er vollbracht: Schon die ersten Menschen hatten sich von Gott getrennt - als sie meinten, ohne ihn auskommen zu können, ja, besser zu leben ohne ihn, ja, ihm gleich zu werden.

Gott hat diese Trennung in dem Kind in der Krippe aufgehoben, in dem er uns Menschen gleich wurde, so gleich, dass auch er ohne die Menschen nicht aus-kommen konnte, wie eben ein Neugeborenes nicht auskommt ohne die Menschen, die es kleiden und betten, nähren und schützen - und sei es auch in der Fremde und im Stall, in Windeln und Krippe und auf der Flucht vor den Mächtigen.

Und diese - neue - Verbindung, sie bleibt untrennbar - nichts und niemand kann Gott und Menschen je wieder trennen - weil das Gottes letztes Wort war, das er nicht aufheben will und zurücknehmen wird. Keine Sünde kann groß genug sein, das zu bewirken - denn welche Sünde könnte größer sein als die, mit der Menschen den Gottessohn verfolgten von Geburt an, verrieten und verurteilten, erniedrigten und ermordeten!?

Silvester Römer 8, 31b - 39

Rückblick auf ein Jahr - und wenn der Zeitpunkt auch noch so willkürlich erscheint - der Jahreswechsel entwickelt doch so etwas wie ein Eigenleben; unterstützt sicher durch die Jahresrückblicke in der Zeitung und im Fernsehen - ganz direkt manchmal als solche angekündigt und geplant, oft auch nur indirekt, wenn Menschen Gelegenheit bekommen, von dem zu reden, zu schreiben, was sie bewegt.
Nehmen wir doch einmal an, der Abschnitt im Römerbrief wäre so etwas wie ein Jahresrückblick: So toll kann das Jahr nicht gewesen sein - nicht für Paulus, nicht für die Christen in Rom und anderswo im Römischen Reich:
Beschuldigt sind sie worden und verurteilt, ja verdammt.
Das kommt mir doch bekannt vor, davon könnte ich auch ein Lied singen, von der Kirche, die angeblich zu politisch ist - oder zu unpolitisch - je nach Standort; die von Gestern ist und sich auf das Morgen nicht einstellen kann - oder die jedem Modetrend hinterherläuft; die sich zu wenig auf die Verkündigung und die Seelsorge konzentriert - oder sich zu wenig der bedürftigen Menschen und ihrer Bedürfnisse annimmt ...
Setzen Sie doch diese gegensätzlichen Eindrücke einmal selber fort.
Von "Trübsal" schreibt der Apostel und von Angst - auch davon ließe sich manches finden in diesem Jahr - unterschiedlich schwer und unterschiedlich viel im Leben jedes Einzelnen: Trauer um nahestehende Menschen, die starben; um verpasste Chancen und zerbrochene Beziehungen; um Verschuldetes und Versäumtes; von Ängsten, ob sie sich nun bewahrheiteten oder als grundlos erwiesen; von durchwachten Nächten und schweren Wegen; von der Angst vor dem, was die Zukunft bringt...
An Hunger und Blöße, an Verfolgung gar, Gefahr und Schwert werden die wenigstens von uns zu denken haben - aber, das heißt ja nicht, daß es das nicht auch bei uns gäbe - ganz abgesehen von den Teilen der Welt, in denen die Kriegsfolgen noch unmittelbar zu spüren sind, in denen der Terror zum Alltag gehört - in denen Naturkatastrophen viele Tausende Leben zerstört und noch viel mehr Menschen um Obdach und Arbeit,

um Angehörige und Freunde gebracht hat....

Aber: "den ganzen Tag getötet" um Christi willen und "geachtet wie Schlachtschafe" - dieses Gefühl kenne ich nicht und kann es mir auch nicht vorstellen bei einem oder einer von uns ...

Jahresrückblick mit Paulus - nicht gerade ein Vergnügen! "Und wo bleibt das Positive?" - so sehr mich diese Frage, die ja eigentlich eine Anklage ist, auch manchmal nervt - hier möchte ich sie selber stellen: Gab es denn gar nichts Gutes, gar nichts Schönes?

Habe ich nicht Freundschaft erlebt und Treue, ja Liebe - wohltuende Nähe - Hilfe, wenn ich sie brauchte - ist mir nicht vergeben worden, wenn ich versagt habe, so dass ein neuer Anfang möglich war - hat es nicht Erfolge gegeben, ist mir nicht manches gelungen, vielleicht gar gegen meine Befürchtungen - habe ich nicht neue Menschen kennengelernt, die mein Leben bereichern - nicht Bilder gesehen, Musik gehört, die das Leben schöner machten - Filme gesehen und Bücher gelesen, die mich zum Lachen brachten - oder zum Weinen (auch das kann ja gut sein!) - habe ich nicht Trost gefunden, Kraft bekommen ...?

So lang die Liste der "Trübsale" auch werden mag - so lang kann auch diese Aufzählung werden.

Das alles kommt auch bei Paulus vor - in seinem "Jahresrückblick" - nicht so in den Einzelheiten, nicht so unvollständig vollständig wie in meiner Aufzählung - und gerade deswegen wohl wirklich "vollständig":

"Ist Gott für uns, wer kann wider uns sein?" - das sieht nur aus wie eine Frage - Im Klartext heißt das: Gott ist für uns - alles mag gegen uns stehen, nichts kann wirklich gegen uns sein: Nichts, was geschaffen ist ("keine Kreatur" schreibt der Apostel), auch kein Mensch und sei er auch noch so gewaltig, so mächtig - und seien auch die "wider uns" noch so viele und wir so wenige - kein Geschöpf kann wirklich gegen uns sein; gegen uns sein kann auch keine anonyme Gewalt, keine unsagbare Macht des Bösen - erst recht nicht die Macht der Verhältnisse oder was es da immer zu nennen gibtnicht einmal die nichtirdischen Mächte ("Engel" nennt sie Paulus und meint doch wohl eher "Teufel" – gefallene Engel!) - nicht das, was war, und nicht das, was ist, und nicht das, was sein wird - nicht das Leben, das ich geführt habe, nicht das Leben, das vor mir liegt - nichts kann gegen uns sein - nicht einmal der Tod!

"Wo bleibt das Positive?" - eine falsche Forderung - eher wäre schon die Frage berechtigt, wo denn das Negative bleibt, von dem die Rede war...?

Und auch diese Frage wird beantwortet: Das Negative, das Böse, das Schwere, das Unerträgliche und Unerklärliche, Trübsal, Angst, Gefahr, Schwert, Hunger, Blöße samt all den Mächten, die sie verursachen bleiben bei Gott, angenommen, auf sich genommen von dem Sohn, der nicht verschont wurde, sondern für uns alle dahingegeben - wie sollte Gott uns mit ihm nicht all das nehmen?

Das Kind in der Krippe, das wir gefeiert haben in der vergangenen Woche, wird der Mann am Kreuz - der, von dem der Profet sagt: "Fürwahr er trug unsere Krankheit und lud auf sich unsere Schmerzen ... Die Strafe liegt auf ihm, auf dass wir Frieden hätten, und durch seine Wunden sind wir geheilt" (Jes. 53, 4f).

Den Ermordeten hat Gott zu neuem Leben erweckt "und dem Tode die Macht genommen" - in das Leben, das wahre Leben, ist er uns vorausgegangen und sitzt zur Rechten Gottes. Er vertritt uns auch dort, so wie er uns vertreten hat im Leben und im Sterben.

Von seiner Liebe kann uns nichts und niemand trennen, weil er diese Liebe ganz allein schenkt, ganz frei, ganz unabhängig von allen Verhältnissen und allen möglichen Einflüssen; unfrei und abhängig nur davon, daß er selbst sich festgelegt hat auf diese Liebe zu uns Menschen, sich selber gebunden an seine Liebe.

"Ich bin gewiss", schreibt Paulus, das heißt: Ich weiß, dass es so ist - das alles ist nicht Wunschdenken oder Fantasie, nicht Vermutung oder Hoffnung, sondern Gewissheit.

In all dem Schlimmen, das ihm, Paulus, und mehr noch manchen Christen anderswo geschehen ist, in all dem vermag Paulus die Liebe Gottes durchscheinen zu sehen. In derselben Gewissheit sieht er auch der Zukunft entgegen: So wenig irgendetwas oder irgendjemand ihn von Gottes Liebe - oder besser : Gottes Liebe, Jesus Christus, von ihm zu trennen vermochte, so wenig wird das auch in der Zukunft möglich sein. Ich habe versucht, Spuren der Liebe aufzuzeigen in der Zeit, die hinter uns liegt - ich bin sicher, es wird uns auch gelingen, die Spuren dieser Liebe im Neuen Jahr zu entdecken, wenn wir uns die Augen öffnen lassen und sie offen behalten - uns nicht blenden lassen von all dem, was uns in seinen Bann ziehen will in dieser Welt, wenn wir uns nicht blind machen lassen von all dem, was unsere Augen mit Tränen füllen kann.

Epiphanias Matthäus 2, 1-12

Es ist schon recht merkwürdig, was für Menschen sich da als erste - und einzige - im Stall und an der Krippe einfinden - und ebenso merkwürdig ist, wer dort nicht zu finden ist.

Am verständlichsten ist das ja vielleicht noch bei Herodes, dem König, dem König von Roms Gnaden, dem Statthalter also eigentlich, dem man den Ehrentitel „König" beließ: Auf recht wackeligem Thron, hin- und hergerissen zwischen dem Willen des allmächtigen Kaisers und dem Wollen des Volkes, über das er gesetzt war. Ich kann schon verstehen, dass er erschrickt, als da die Männer aus der Ferne mit der Nachricht kommen, ein neuer König sei dem jüdischen Volk geboren worden. Noch mehr als zuvor sieht er seinen Thron wanken, noch mehr als zuvor wird für ihn alles unsicher, unbeständig, unüberschaubar. Noch deutlicher wird ihm, dass es mit seiner Macht nicht weit her ist. Er fürchtet sich vor dem Kind, von dem ihn die Kunde erreicht.

Wie die anderen Personen rund um das weihnachtliche Geschehen steht wohl auch er - Herodes - geradezu sinnbildlich für viele andere Menschen: Für all die, die tatsächlich oder vermeintlich Macht haben und die meinen, sie müssten diese Macht erhalten und bewahren; für alle, deren Throne wanken; für alle, die ihrer eigenen Stärke gegenüber unsicher wurden; für alle, die über andere herrschen wollen mit den Mitteln, die unsere Welt nun einmal bereitstellt. Für sie alle ist das Kind in der Krippe eine Gefahr, weil es der Herr ist und das doch so ganz anders, als all die Herren, die die Welt kennt. Auch mit seinem heuchlerischen, verlogenen Auftrag an die Männer aus dem Osten steht Herodes nicht allein. „Sagt mir, wo ich das Kind finde, damit ich es anbeten kann!" In Wirklichkeit will er es vernichten. Bis heute fällt den Großen der Welt ja doch nichts anderes ein, bis heute werden Demonstranten erschossen, Kritiker eingesperrt, Gegner ermordet. Und bis heute tuen sich die Mächtigen der Welt schwer damit, zur Krippe von Bethlehem zu gehen, wenn sie erkennen, dass die Macht des Kindes in der

Krippe und die Kunde davon - das Evangelium - ihre Macht unterhöhlt. Weit merkwürdiger erscheint es da schon, dass nach dem Evangelium nicht nur Herodes erschrickt, sondern „ganz Jerusalem". War es der Schrecken, der auch die Hirten befiehl, das Erschrecken vor dem Heiligen, vor der unmittelbaren Nähe Gottes? Oder war es so etwas wie ein freudiger Schreck, der einen befällt, wenn etwas eintritt, auf das man schon lange gewartet, sich schon lange gefreut hat? Oder war es das Erschrecken vor dem Neuen, vor einer neuen Zeit, vor dem Ende dessen, was sicher und dauerhaft erschien? Was auch immer - auch „ganz Jerusalem" hat sich nicht auf den Weg gemacht zu dem Kind; ein freudiger Schreck kann es also wohl nicht gewesen sein; und das Erschrecken vor Gottes Nähe wohl auch nicht, denn sonst hätte sicher auch „Jerusalem" das gehört, was den Hirten gesagt wurde: „Fürchtet euch nicht!". Vielleicht war es ganz einfach so, dass so viele Generationen auf das Kommen des Erlösers, des Messias warten mussten, dass die Menschen schon lange von Gott eigentlich gar nichts mehr erwarteten. War vielleicht das Warten zur Pflichtübung geworden, zum religiösen Ritual? Dazu passt jedenfalls, dass auch die nicht zur Krippe eilen, von denen man es doch am ehesten hätte erwarten müssen: Die, die es wissen mussten, die, die sich am besten auskannten mit den Verheißungen Gottes, die Priester, die Schriftgelehrten. Sie geben die richtige Auskunft - aber es bewegt sich nichts in ihnen, und auch sie bewegen sich deswegen nicht. Sie geben die richtige Auskunft ohne freudiges Erschrecken, ohne Aufregung, ja geradezu ohne jede Regung. Anscheinend sind sie damit zufrieden, dass sie alles wissen. So lange haben sie die Bücher studiert, die das Wissen um Gott enthalten, immer genauer, immer penibler; jeden Satz kennen sie auswendig, jede nur mögliche Auslegung. Aber Gottes Wort lebt nicht mehr für sie, sie sind erstarrt in ihrem Wissen, sie verwalten die Wahrheit wie Bürokraten. Sie alle
also sind nicht an der Krippe zu finden, nicht die Führer des Volkes, nicht dieTheologen, nicht die Menschen, die nahe bei Geschehen leben.

Fremde sind es, aus weiter Ferne - weise Männer in der Tat - weil ihre Gelehrsamkeit sie nicht erstarren lässt, sondern in Bewegung versetzt. Sie haben ein Zeichen gesehen von Ferne und sie haben sich eben nicht damit begnügt, es zu registrieren und in der Ablage ihres Wissens zu speichern. Sie haben ein Zeichen gesehen, und das hat sie nicht nur wissbegierig gemacht, nicht nur zu weiterem Forschen angeregt. Ein Zeichen haben sie gesehen, dass etwas Außerordentliches geschehen sein musste, etwas, was Bedeutung hat für die ganze Welt - auch für sie selbst an den Rändern der damals bekannten Welt, etwas, was diese ganze Welt verändert, neu macht. Ein König ist geboren, der Herr der Welt - da machen sie sich auf, suchen, forschen, fragen, bis sie den Weg zu ihm gefunden haben. Sie wollen das Kind bestaunen, ja sie wollen es anbeten, weil zu ihrer Weisheit eben nicht nur das Staunen, die Neugier, das Wissen, die Erkenntnis gehört, sondern auch die Frömmigkeit. Es ist sicher kein Zufall, dass unsere Vorfahren im Glauben dem Epiphaniastag, dem Tag des Erscheinens Jesu vor der Welt - repräsentiert durch die drei Weisen aus dem Morgenland - dass sie diesem Tag lange Zeit mehr Bedeutung zugemessen haben als dem Geburtstag Jesu, dass dieser Tag Jahrhunderte lang sozusagen anstelle des Weihnachtsfest gefeiert wurde. Das ist heutzutage wohl ganz anders - Epiphanias ist ein fast vergessener Tag und wenn er noch erinnerlich ist, dann eben nicht als Tag des Erscheinens Jesu, sondern als Tag der legendäre „Heiligen drei Könige". Ob das damit zusammenhängt, dass wir uns auch scheuen, an der Krippe zu erscheinen? Ist dieses neugeborene Kind uns wirklich ein Zeichen der unendlichen Liebe und Nähe Gottes - oder macht es uns Angst um unsere eigene Stärke? Sehen wir in ihm ein Zeichen der Hoffnung - oder fürchten wir uns vor der Zukunft Gottes, die wir nicht in der Hand haben? Setzt uns sein Erscheinen in Bewegung, oder legen wir das Weihnachtsgeschehen zu den Akten? Wird es in uns lebendig - oder bleibt es totes Ritual - „alle Jahre wieder"?

Dritter Sonntag vor der Passionszeit (Septuagesimä) Jeremia 9, 22+23

1. Stichwort: „Weisheit“

„Wissen ist Macht” - und die Fortsetzung: „Nichtwissen macht nichts” kann - wenn es denn nicht nur ein Gag sein soll - nur erfunden worden sein, um Dumme zu trösten oder Noch-nicht-Wissende davon abzuhalten, Wissen zu erwerben, damit man als Fachmann dem Laien überlegen bleibt. Aber: Wissen ist in unserer Zeit eigentlich kein Luxus mehr für wenige, sondern lebensnotwendig, wenn ich eine Chance haben will, mein Leben selbst zu gestalten, Arbeit zu bekommen und zu behalten, und die Forderung nach lebenslangem Lernen ist keine leere Floskel.

„Das Lernen lernen” - das ist die Weisheit unserer Zeit, einer Zeit, in der sich das Wissen der Menschheit in atemberaubendem Tempo vermehrt, und sich eigentlich niemand ausruhen kann auf dem, was er einmal gelernt hat. Die Kehrseite der Medaille: Immer mehr Menschen wissen immer mehr über immer weniger. „Fachidioten” hat man solche Menschen schon vor Jahrzehnten genannt - die zwar innerhalb ihres Gebiets unendlich viel wissen, aber nicht mehr darüber hinaus zu sehen, zu erkennen , zu denken, zu handeln vermögen.

Darf ich dazu eine kleine Geschichte erzählen?

Ein Schäfer steht bei seiner Herde; ein Sportwagen hält mit quietschenden Bremsen an, ein dynamischer Mann springt heraus, sieht sich die Herde an und sagt schließlich zum Schäfer: „Wenn ich ihnen sage, wie viele Schafe das sind, bekomme ich dann eins?” Der Schäfer stimmt zu. Der Mann holt sein iPod letzter Generation, loggt sich ins Internet ein, lässt von einem Satteliten die Herde scannen und sagt schließlich: „Genau 371!”. „Stimmt!”, sagt der Schäfer. Der Mann nimmt sich ein Tier und bringt es im Auto unter. Er will einsteigen. „Moment!”, sagt der Schäfer, „wenn ich ihnen sage, was sie von Beruf sind, bekomme ich mein Tier dann wieder? Der Mann willigt ein. „Sie sind”, sagt der Schäfer, „Unternehmensberater: Sie kommen an, machen einen Riesenwirbel mit großem Aufwand und sagen mir dann etwas, was ich schon längst weiß. Und jetzt geben sie mir, bitte, meinen Hund wieder!"

2. Stichwort: Stärke

Vom Fitness- und Körperkult angefangen bis zum Streben nach militärischer Überlegenheit - von der mentalen Stärke des Spitzensportlers bis zur Wirtschaftskraft multinationaler Konzerne - vom „Du musst jetzt ganz stark sein" in den Krisen des Lebens bis zur Erkenntnis: „Nur keine Schwäche zeigen" - stark sein ist das Gebot der Stunde. Durchsetzungsvermögen, Ausdauer, Zielbewusstsein, Rücksichtslosigkeit bringt weiter, bringt Erfolg. Es gilt nicht nur: „Der Dumme ist schwach", sondern auch umgekehrt: „Der Schwache ist der Dumme", der „Loser", der Verlierer. und viele sehen auch in den Reformen unserer Tage die Schwachen, die sich nicht wehren können, die keine Lobby haben, als die eigentlichen Verlierer dastehen...

3. Stichwort: Reichtum:

Wie die beiden anderen natürlich nicht erst ein Wert unserer Tage.

„Arm am Beutel, krank am Herzen,
schleppt ich meine langen Tage.
Armut ist die größte Plage,
Reichtum ist das höchste Gut!""

so drückt J.W. Goethe es aus in seinem Gedicht „Der Schatzgräber". Und dem ist eigentlich kaum noch etwas hinzuzufügen - außer vielleicht die Überlegungen, dass heute der Reichtum weniger in Milliarden von Dollar zu rechnen ist - und dass die Menge des - ich will es einmal so nennen - „anonymen Reichtums" weltweit tätiger Unternehmen (zu Recht im Französischen Recht „Societé anonyme" genannt) unvorstellbar groß geworden ist - und mit Größe und Anonymisierung verschwindet auch ein Stück Verantwortung - Werte, Werte, deren der Mensch sich gern rühmt, weil er sie sich selber und seinen Fähigkeiten zurechnet und sie als seine Besitz betrachten kann - „seine Weisheit, seine Stärke, sein Reichtum" - das besitzanzeigende Fürwort steht wohl nicht zufällig dort.

Und dem gegenübergestellt die Werte Gottes: Recht und Gerechtigkeit und Barmherzigkeit- Werte, die anders als die drei ersten nicht zuerst auf den „Besitzer" ausgerichtet sind, sondern auf den anderen Menschen. Gott hat sie nicht für sich, sondern „übt sie auf Erden" - für den Menschen, für die Welt.

4. Stichwort: Recht

Dass man Recht und Gerechtigkeit unterscheiden muss, das gehört zu dem, was Juristen als Erstes lernen. Recht, das ist das, was festgelegt wird, aufgeschrieben - wie die Gebote Gottes auf steinernen Tafeln. „Fiat iustitia, pereat mundus" , so haben es die Römer formuliert: „Das Recht geschehe, die Welt vergehe" - Iustitia ist blind... Manches, was als Recht gesetzt und gesprochen wird, erscheint einem ungerecht - aber das Ziel des Rechts ist schon die Gerechtigkeit, die dem Einzelnen gerecht wird, die Umstände betrachtet und abwägt, die Motive und Zwänge berücksichtigt, Nöte und Bedürfnisse erkennt und ernst nimmt - die vor allem dafür sorgt, dass nicht nur das eigene Recht eingeklagt, durchgesetzt wird, sondern auch das des anderen.

Um Recht und Gerechtigkeit geht es ja auch in dem Gleichnis Jesu, das Evangelium für diesen Sonntag ist (Matthäus 20, 1-16): Die Arbeiter der ersten Stunde empfinden es - verständlich - als ungerecht, dass alle, sogar die, die nur eine Stunde gearbeitet haben, den gleichen Lohn bekommen wie sie. Der Arbeitgeber argumentiert einmal mit dem Recht: „Habe ich nicht Macht zu tun, was ich will mit dem, was mein ist?" Ja, er hat das Recht mit seinem Besitz zu verfahren wie er will. Aber das befriedigt natürlich nicht, und so ist das weitere Argument: Mein Tun ist auch nicht ungerecht, denn ihr bekommt ja genau das, was wir verabredet haben, und was euch zusteht. Auch die Gerechtigkeit wird gewahrt.

Und trotzdem: Entscheidend ist der Satz: Siehst du scheel drein, weil ich so gütig bin?"

Zu Recht und Gerechtigkeit tritt die **Barmherzigkeit** - sie ist der größte Wert und unübertroffen! Paulus hat es erkannt und Luther wiederentdeckt: Kein Mensch ist so, wie Gott ihn haben will, kein Wissen, keine Stärke kein Reichtum machen ihn vor Gott gerecht und geben ihm das Recht, etwas von Gott zu fordern. Gottes Barmherzig

-keit allein nimmt sich des Menschen an, macht ihn in Gottes Augen gerecht. Gott selber übt Recht und Gerechtigkeit und Barmherzigkeit auf Erden, d.h. gegenüber seinen Menschen.

Das zu erkennen ist die Klugheit, die einzige, deren wir uns rühmen sollen. Vielleicht ist es ja heutzutage ja wieder besonders nötig, den Wert der Gotteskenntnis und Gotteserkenntnis Menschen zu vermitteln, denn dieser Wert - so scheint mir - kommt in den Wertediskussionen unserer Zeit kaum vor.

Vielleicht ist es ja gerade unsere Aufgabe, diesen Wert mit einzubringen, wo immer wir es können. Es ist jedenfalls ein Wert, der alle anderen ins rechte Licht rücken kann: Recht zu suchen für die Rechtlosen, Gerechtigkeit für die unter Ungerechtigkeit leiden, Unwissenden Rat zu geben, Schwachen beizustehen, Armen zu helfen. Es wird wohl immer nur ein schwacher Abglanz des göttlichen Willens sein, was wir fertigbringen - meine Hoffnung bleibt trotzdem, dass auch das wahr werden kann, was der Profet Amos (Amos 5,24) sagt:

„Es ströme aber das Recht wie Wasser und die Gerechtigkeit wie ein nie versiegender Bach."

Sonntag vor der Passionszeit (Estomihi) Amos 5, 21-24

Stellen Sie sich vor: Da öffnet sich die Tür der Kirche. Unwillkürlich halten wir ein, wenden unsere Blicke dem Mann zu, der die Kirche betritt - unauffällig gekleidet, auch sonst ganz normal. „Zu spät gekommen, das kommt vor!"

Der Mann geht durch den Mittelgang nach vorn. „Wenn man schon zu spät kommt, kann man sich doch wenigstens unauffällig setzen!" - ein bisschen Unmut ist schon dabei. Aber der Mann geht weiter, tritt vor den Altar, wendet sich um, hebt die Hand: „Hört auf! Hört auf mit dem Gottesdienst! Gott will es so! Er will das Gewimmer der Orgel nicht mehr hören und schon gar nicht das Geplärr eurer Lieder. Auch das Gefasel eurer Gebete hat er satt und erst recht das leere Gerede eurer Predigten".

Er tritt einen Schritt vor, fegt die Abendmahlsgeräte vom Tisch: „Gott will das nicht mehr mit ansehen! Und eure Feste könnt ihr auch vergessen: Kein Weihnachten mehr und kein Karfreitag, kein Ostern und kein Pfingsten".

Ob er überhaupt so weit gekommen wäre? Der leichte Unmut wäre doch schon längst zum handfesten Ärger geworden - aus dem scheinbar so unauffällig normalen Mann ein religiöser Psychopath, ein Spinner - und sicher hätten schon einige eingegriffen, ihm den Mund zugehalten, ihn aus der Kirche befördert...

Und seine letzten Worte hätten wir vielleicht nur noch aus der Tür heraus gehört - vielleicht nur noch Satzbrocken: „Recht ..", hätten wir gehört und „Gerechtigkeit..."

Vielleicht hätte unser Organist Beruhigendes gespielt auf der Orgel, ein Lied angestimmt, unser Küster hätte die Vorbereitungen für das Abendmahl erneut getroffen - ich wäre mit der Predigt fortgefahren - oder? Oder ist das ganze doch unvorstellbar?

Der Bibelabschnitt für die Predigt heute sagt anderes. So - sagt er - so ist der Profet Amos in einen Festgottesdienst geplatzt, so hat er geredet im Namen Gottes. Ich lese aus dem Buch des Profeten Amos, Kapitel 5, 21-24:

„So spricht der Herr: Ich bin euren Feiertagen gram und verachte sie und mag eure Versammlungen nicht riechen. Und wenn ihr mir auch Brandopfer und Speisopfer

opfert, so habe ich kein Gefallen daran und mag auch eure fetten Dankopfer nicht ansehen. Tu weg von mir das Geplärr deiner Lieder; denn ich mag dein Harfenspiel nicht hören! Es ströme aber das Recht wie Wasser und die Gerechtigkeit wie ein nie versiegender Bach."

Darum also geht es dem Profeten - darum also geht es Gott: Um Recht und Gerechtigkeit für die Menschen - für die vor allem, denen das Recht vorenthalten wird und für die, die unter Ungerechtigkeit leiden. Und darum, was die Angehörigen seines Volkes dafür tun, dass den Rechtlosen Recht wird und den Machtlosen Gerechtigkeit.

Vieles geht mir dabei durch den Kopf:

Es ist wohl eine Mehrheit der Menschen auf unserer Welt, der das Recht auf freie Meinungsäußerung versagt wird, ja sogar überhaupt das Recht auf eine eigene Sicht der Welt und der Dinge - der Mehrheit der Menschheit wird das Recht verwehrt, die eigene religiöse Überzeugung frei und unbehindert zu zeigen und zu leben. Unzählige Menschen haben nicht das Recht auf körperliche und seelische Unversehrtheit, werden willkürlich eingesperrt und gefoltert. Unzählige Menschen verlieren Haus und Hof und Heimat. Für unzählige ist das Recht auf Arbeit nur hohle Phrase, für viele wird das Recht auf Arbeit ersetzt durch das Unrecht von Zwangsarbeit.

Wo bleibt die Gerechtigkeit, wenn zwei Drittel der Welt immer ärmer werden - wo bleibt es, wenn die Schere zwischen den immer reicher werdenden und den verarmenden immer weiter auseinanderklafft? Wenn Tausende ihre Arbeit verlieren, weil das Management das Unternehmen an die Wand fuhr und trotzdem mit fetten Abfindungen in den Ruhestand verabschiedet werden...? Wo bleibt die Gerechtigkeit, wenn viele Kinder schon von Anfang an keine Chance haben auf gleiche Bildung und Ausbildung...?

Ich breche die Aufzählung ab - und was davon eben nicht nur in fernen Teilen unserer Welt geschieht, sondern auch in unserer Nähe - das zu beurteilen, überlasse ich Ihnen selbst.

Genug, übergenug zu tun für jede und jeden, wenn es denn Gottes Wille ist, mit dafür zu sorgen, dass Recht und Gerechtigkeit nicht müde tröpfeln, sondern strömen - unaufhaltsam, unaufhörlich wie ein Bach, der nie versiegt.

Genug, übergenug zu tun - im persönlichen, unmittelbaren Umfeld unseres Lebens, in Gemeinde und Land und im Staat.

Also: Politisches Engagement statt Gottesdienst - Aktivität statt Gebet - Kampflied statt Choral - Demonstrationen anstatt der Feste - Hungerstreik statt Abendmahl...?

Haben Sie das große Fragezeichen gehört, dass ich hinter diese Parolen gesetzt habe? Ich denke, das alles - und vieles mögliche mehr - sind falsche Alternativen - genauso falsch wie eben das Gegenteil, als ginge es nur um persönliche Frömmigkeit, allein um den rechten Glauben, ausschließlich um Gotteslob in Gebet und Gesang, nur um rhetorisch ausgefeilte Predigt.. „Gram" - um mit dem Profeten zu sprechen , „gram" ist Gott dem allen nur, wenn es allein dabei bleibt - er „verachtet" Gottesdienst, Fest und Feier nur, wenn sie folgenlos bleiben für unser Leben - und für das Leben des Nächsten in der Nähe und in der Ferne - zum „Geplärr" wird der Gesang nur, wenn er Selbstzweck wird - überflüssig, ja gefährlich wird das Abendmahl nur, wenn es nur der Selbstbestäti-gung der Insider dient und andere ausschließt, wenn es nicht Kraft gibt für den Alltag... Aber sie sind nötig - gerade wenn es auch um das Wirken für Recht und Gerechtigkeit geht. Woher sonst sollte die Gewissheit kommen, dass Gottes Liebe mir und allen Menschen gilt wenn nicht aus der Verkündigung der frohen Botschaft, des Evangeliums von Jesus Christus - woher die Maßstäbe für Recht und Unrecht, Ungerechtigkeit und Gerechtigkeit, wenn nicht aus dem Verständnis des göttlichen Willens - wo sollten wir unsere Sorge, unsere Schwäche unsere Mutlosigkeit loswerden, wenn wir sie nicht mehr im Gebe vor Gott bringen könnte - wie sollten wir mit unseren Versäumnissen und Fehlern leben können, wenn uns nicht die Vergebung Gottes zugesprochen würde - was würde unsere Seele anrühren, wenn uns die Musik verwehrt bliebe - wo sollten wir uns der Gegenwart des Gekreuzigten und Auferstandenen unter uns und für uns vergewissern, wenn nicht an seinem Tisch – was könnte uns sonst Kraft und Hoffnung geben, Mut und Zuversicht?

1. Sonntag in der Passionszeit (Invokavit) Markus 4, 1-11

„Und führe uns nicht in Versuchung!" - so beten wir in jedem Gottesdienst mit Worten, die uns Jesus Christus selbst gelehrt hat. Ob das wohl oft auch ohne großes Nachdenken geschieht? Weil uns die Worte geradezu mehr als vertraut sind - oder vielleicht, weil wir in der scheinbaren Sicherheit derer leben, die Versuchung nicht kennen?

Oder im Gegenteil - doch sehr ernsthaft, weil es doch so schön wäre: Glaube ohne Zweifel, Überzeugung ohne Anfechtung, Leben ohne Unsicherheit, Handeln ohne Zögern - es wäre so schön! Denn auch in meinem Leben gibt es die sprichwörtlichen „Durststrecken", die wie Wüsten sind, in denen das Leben zu vertrocknen scheint, in denen der Hunger und der Durst nach dem, was das Leben erhält und fördert und schön macht groß wird; in denen die Einsamkeit die Sehnsucht nach Gemeinschaft stetig wachsen lässt. Und selbst der Überfluss, in dem ich ja doch eigentlich lebe, kann manchmal zu so einer Wüste werden, weil das Streben nach Besitz und Geld, nach Hab und Gut alles andere ersticken kann, wenn ich nur noch Wege suche, das Erreichte zu erhalten und zu mehren.

Versuchung - das ist der Versuch, selbst einen Weg zu finden aus den Wüsten in die Fruchtbarkeit, aus der Dürre in den Überfluss, aus der Überfülle in sinnvolle Bescheidenheit. Versuchung - sie gehört zum Menschen, zum Menschsein.

Mensch wie wir - auch das wollen die Evangelisten mit dieser Geschichte sagen - Mensch wie wir ist dieser Jesus von Nazareth, den wir bekennen als den Heiland, den Erlöser, den Gottessohn: Versucht wie wir, nicht vom Menschsein abgehoben, nicht Halbgott wie in den antiken Sagen (Und das hieße ja zugleich auch: Nur „Halbmensch"!). Mensch wie wir: In der Wüste nicht aus eigenem Entschluss, vom Hunger geplagt. Mensch wie wir auch noch in einem anderen Sinnen: Mensch eben die die Menschen, die versuchen ihm nachzufolgen - seine Versuchung ist wohl auch in besonderer Weise die des Glaubenden, dessen, der auf Gott vertraut, der, um es mit einem unmodern gewordenen Wort zu sagen fromm ist.

In drei Schritten, von Schritt zu Schritt gesteigert, vollzieht sich das, was Jesus in Versuchung führt:

Still deinen Hunger, mach aus Steinen, von denen es in den Wüsten des Heiligen Landes mehr gibt als Sand - mach aus ihnen Brot - für dich selbst. Hilf dir selbst - und - unausgesprochen - hilf damit auch deinen Mitmenschen: Brot für dich und Brot für die Welt!

Ich kann das sicher nicht, aus Steinen Brot machen, das Wunder steht mir nicht zu Gebote. Aber, was würde ich dafür geben, für die Möglichkeit, alle Menschen satt zu machen; was würde ich es mich kosten lassen, das zu vermögen? Wäre das denn überhaupt eine Versuchung, der es zu widerstehen gälte? Hat nicht Gott selber seinen Menschen die Aufgabe gegeben, die Welt zu gestalten - und das kann doch auch nur heißen: Gerechtigkeit schaffen, so dass für Alle gesorgt ist. Was sollte daran falsch sein...?

Die Antwort Jesu an den Versucher macht klar, was daran falsch werden kann: „Der Mensch lebt nicht vom Brot allein, sondern von einem jeden Wort, das aus Gottes Munde geht!" So falsch es ist, den Hungernden mit ein paar guten Worten abzuspeisen, so falsch ist es zu meinen, mit dem „Brot" sei alles getan.

Wir leben in einem Land, in dem die Menschen - zumindest im Vergleich zu den meisten anderen Gegenden unserer Welt - weitgehend in materieller Sicherheit leben - aber wie vielen fehlt das, was dem Leben Sinn gibt, Halt, Geborgenheit, Hoffnung - wie vielen fehlt das „Wort, das aus Gottes Munde geht" - das Wort des Lebens in all seiner Vielfalt?

Lass sehen, ob denn Gottes Wort überhaupt stimmt! Das ist der zweite Schritt in Jesu Versuchung - der Versucher, der es nun seinerseits mit dem Gotteswort versucht, auch das ist anscheinend möglich: Stell Gott auf die Probe!

Sicher, ich würde niemals davon ausgehen, so wunderbar gerettet zu werden - die Versuchung liegt mir wohl fern. Aber - würde ich nicht doch gern das, was Gott gesagt hat, testen, ausprobieren; auf die Probe stellen, ob es stimmt, ob er sein Wort hält? Suche ich nicht Beweise - oder richtiger: Meine ich nicht oft genug den Gegenbeweis gefunden zu haben; glaube ich nicht oft genug, Gott habe nicht geholfen, weil meine Wünsche nicht in Erfüllung gingen; Gott höre mich nicht, weil er nicht tut, was ich will; Gott existiere gar nicht, weil er sich nicht so zeigt und erweist wie ich es mir vorstelle...?

„Du sollst den Herrn, deinen Gott nicht versuchen!" Wieder antwortet Jesus mit Worten der Heiligen Schrift. Gott auf die Probe stellen - welchen Sinn sollte das haben?

Der dritte Schritt: Alle Macht auf Erden, die ganze Welt dir untertan, übermächtig, selbstherrlich, alle Probleme lösbar aus eigenen Machtvollkommenheit - sein wie Gott! Das ist sicher die stärkste die verführerischte Versuchung, die Urversuchung, der schon die ersten Menschen erlagen.

Gott abschaffen - oder zumindest seine Existenz leugnen - und den Menschen an seine Stelle setzen - endlich frei von ihm, autonom, unabhängig. Davon haben Menschen immer geträumt und es oft zu verwirklichen versucht. Aber, um welchen Preis!?

Hätte Jesus seine Bindung an Gott aufgegeben - er hätte sie eintauschen müssen gegen die Bindung an den Versucher. Unbedingte Freiheit gibt es nicht!

Martin Luther hat das auf seine so unnachahmlich drastische Weise so ausgedrückt. „Du wirst entweder von Gott geritten oder vom Teufel!"

Das scheint sich in der Welt und ihrer Geschichte mit den Menschen immer wieder zu bewahrheiten. Wie oft haben Menschen ihre Bindung an Gott eingetauscht gegen andere Bindungen:

Bindung an eine Weltanschauung oder Ideologie - an die Ideologie des Volkes oder an die Weltanschauung des Kommunismus; beides hat gerade in und mit unserem Volk zu den großen Katastrophen des vergangenen Jahrhunderts geführt.

Oder die Bindung an einen Menschen - an einen Führer, ob das nun ein politischer Führer oder ein religiöser Guru ist. Ja, auch Bindung an eine Religion - es ist faszinierend und erschreckend zugleich, wozu Menschen in der Lage sind, zu welcher Entmündigung und Unterwerfung aber auch zu welchen Schrecken und Verbrechen Menschen bereit sind im Namen ihres Glaubens, ausgenutzt von denen, die ihnen vorspiegeln, sie sprächen und handelten im Namen Gottes.

Freiheit vom lebendigen, vom lebenschaffenden und lebenerhaltenden Gott kann ich immer nur erkaufen durch Bindung an andere Herren, die letztlich das Leben nicht wollen - nicht meines und nicht das der Anderen.

Jesus widersteht der Versuchung: „Du sollst den Herrn, deinen Gott, anbeten und ihm allein dienen!"

Und wir?

2. Sonntag in der Passionszeit (Reminiszere) Markus 14, 32 - 42

"Wer schläft, der sündigt nicht", so sagt man wohl - aber, wer um des Schlafes willen einen anderen allein lässt, der sündigt wohl - einen anderen zumal, der "zittert und zagt" und "betrübt" ist "bis an den Tod" - einen anderen zumal, wenn der gebeten hat, zu bleiben und zu wachen, ihm beizustehen allein schon durch die Anwesenheit, durch die Nähe ... - einen anderen zumal, wenn dieser andere Jesus selbst ist; denn das ist "Sünde" nach der heiligen Schrift, wenn wir uns trennen von Gott, und den allein lassen, den er gesandt hat.

"Und sie wussten nicht, was sie antworten sollten" - als Jesus sie erneut - zum dritten Mal - schlafend findet - was sollten sie auch sagen?

Dass sie sich innerlich schon von ihm getrennt hatten, als er seinerzeit davon sprach, dass sein Weg ins Leiden führen würde? Dass es ihnen zu viel wurde, als er sagte, einer von ihnen würde ihn verraten und alle ihn verlassen? Dass sie schon in dem Augenblick, als er das vorhersagte, "Ärgernis an ihm nahmen" obwohl sie so fest und sicher behaupteten, sie würden ihn nie verlassen?

Ihr Schlaf kann der Schlaf derer sein, die sich nicht gebraucht, fühlen. Ihr Schlaf kann der Schlaf der Erschöpfung sein, der die befällt, die sich zu viel vorgenommen haben, die zu sicher waren und nun nicht mehr weiterwissen, die einfach "nicht mehr können"....

Ihr Schlaf kann der Schlaf der Resignation sein, der sie befällt, weil sie keinen Sinn mehr sehen in dem, was nun geschehen soll: Weil mit dem Leiden ihres Herrn all ihre Vorstellungen von Größe und Herrschaft, von Befreiung und politischer Freiheit, all ihre Träume von einer guten Welt, all ihre Sehnsucht nach dem Reich Gottes, dem "Himmel auf Erden" dahin sind.

Ja, und da sind sie mir eigentlich ganz nah - diese Jünger im Garten Gethsemane, da erkenne ich mich ein Stück wieder in ihnen:

Ich kann es auch nicht gut, dieses Stillhalten und scheinbare Nichtstun, wenn jemand mich braucht; es fällt mir schwer, einfach nur da zu sein, mit zu leiden, ohne gleich das Leiden bekämpfen und beseitigen zu wollen, oder ihm zumindest mit guten tröstenden Worten zu begegnen, aus denen dann leider nur zu oft Phrasen werden - es fällt mir jedenfalls schwer, "passiv" zu sein, in der Leideform zu leben - in der Passion...

Und das gehört dann ganz eng zusammen, dass ich dann nicht mehr kann, wenn alles, was ich tue und sage nichts nützt, wenn ich - wieder einmal - erkennen muss, wie begrenzt meine Fähigkeiten, wie eingeschränkt meine Möglichkeiten sind, wie viel ich mir vornehme und wie wenig ich zustande bringe... Da ist die Resignation dann nicht weit.

Und spätestens hier frage ich dann auch, was es denn auf sich hat mit Gottes Reich und Christi Herrschaft - habe ich es schwer, einzusehen, dass es der leidende Jesus ist, der auch mein Herr ist, der Gequälte und Gekreuzigte, der im Garten Gethsemane von den Seinen verlassene...

Da habe ich es dann eigentlich besser, als die Jünger, die dabei waren und die doch nichts mitbekommen haben von dem, was in ihrer Nähe vorging - nichts von dem, was Jesus bewegte in dieser Nacht. Mir - uns - ist es berichtet und mitgeteilt: Dass Jesus nicht ohne Gefühl seinem letzten Weg entgegengeht, dass er wirklich „zittert und zagt" und „betrübt ist bis an den Tod" - d.h. doch, dass all das, was die Jünger "einschlafen" lässt - Hilflosigkeit, Resignation, Ohnmachtsgefühle, Leiden an der Welt ohne Gott ..., dass all das Jesus nicht nur nicht fremd ist, sondern dass es ihn anficht wie die Jünger und mich, dass es ihn betrübt, wie sie und mich, dass es ihm Angst macht wie ihnen und mir...

Nur, dass er eben nicht einschläft, nicht resigniert, nicht aufgibt, sondern betet: Gott seinen Schmerz und seine Angst sagt. Gott bittet, ihm das Leiden zu ersparen, den Tod an ihm vorbeigehen zu lassen: "Abba", mein Vater, alles ist dir möglich; nimm diesen Kelch von mir..."

"Ja" zu sagen zum Leiden, gar zum eigenen Tod - das ist nichts, was schnell 'mal so eben zu erreichen ist - auch nicht im Gebet.

Und ihm, Jesus, wird gegeben, worum wir auch nur immer wieder bitten können:
Die Bitte: Dein Wille geschehe - und die Gewissheit, dass dieser Wille des Vaters nicht schlecht sein kann für ihn wie für uns - der Mut, einen Weg zu gehen, den er sich nicht gewählt hatte, und den er doch als seinen Weg geht - die Kraft, nicht darauf zu warten, dass andere etwas tun oder irgendetwas geschieht, sondern selbst den Weg zu gehen...
"Steht auf, lasst uns gehen" - er nimmt die Seinen mit auf diesen Weg, obwohl sie nur zu schlafen vermochten - obwohl sie ihn allein ließen - obwohl sie "sündigten" durch ihre Trennung von ihm.
Er nimmt auch uns mit auf seinen Weg.
Wir bitten ihn, um den Mut, die Kraft ihn mitzugehen.

Dritter Sonntag in der Passionszeit (Okuli) Epheser 5, 1-8a

Wenn wir daran gewöhnt wären, auf das, was es im Gottesdienst zu hören gibt, ganz spontan und direkt zu reagieren - welche Reaktion hätte es gegeben auf die Verlesung de Epistel aus dem Epheserbrief - Zustimmung oder Ablehnung, Beifall oder Buh-Rufe? Ich vermute einmal, es hätte in ganz schönes Durcheinander der Meinungsäußerungen gegeben - und vielleicht zwei Lager, zwei Fraktionen - in diesem „Hohen Hause":

„Das wird aber nun wirklich Zeit, dass solche Aussagen der Bibel einmal wieder in den Vordergrund rücken - ernst genommen werden - so wahrscheinlich die Einen. Heute, in einer Zeit, in der alle Begriffe von Sitte und Moral vor die Hunde zu gehen scheinen, in der die lebenslange Ehe nicht nur in Frage gestellt wird, sondern fast schon die Ausnahme ist, in der die Sexualität hemmungslos ausgelebt wird und alle möglichen sexuellen Verirrungen geduldet werden, in der Pornographie zum Alltag gehört - ja, in der auch der Drang nach immer mehr Besitz und Geld eine so große Rolle spielt, in der es nur um Gewinnmaximierung geht und in unserem ehemals so korrekten Deutschland, auf das wir so stolz waren, Verhältnisse einreißen wie in jeder Bananenrepublik. Schön, dass da so klar gesagt wird, dass das dem Wesen des Christlichen Glaubens und Lebens widerspricht – ja gar Götzendienst ist!

Und die anderen sagen vielleicht so:

Was kann man von Kirche schon anders erwarten - nur Schimpfen und mit der moralischen Keule zuschlagen - alles wird gleich als unmoralisch abqualifiziert. Die Kirche ist eben nur doch nur die Hüterin der traditionellen Moral, der bürgerlichen Wohlanständigkeit. Sie ist eben von Gestern - jeder Wandel ist ihr suspekt - das ist doch ganz klar. Sie schottet sich ab von der Welt, will nicht einmal darüber reden, was Menschen heute bewegt

Ich möchte Sie jetzt einmal bitten, doch beide Standpunkte ernst zu nehmen – auch den, der nicht der Ihre ist - ernst zu nehmen, dass es beiden um den Menschen geht, um die richtige Art zu leben. Den einen darum, dass es das Leben des Menschen, das Zusammenleben in der Tat zerstören kann, wenn jeder nur so lebt, wie er oder sie es für richtig hält, wenn es keinerlei verbindliche gemeinsame Vorstellungen mehr gibt, wenn nur bindungslose, totale Freiheit gefordert wird ;

den anderen darum, dass das Leben des Menschen, das Zusammenleben nicht total reglementiert werden kann, dass daraus völlige Unfreiheit werden kann, die den Menschen letztlich auch zerstört, dass der Mensch Freiheit, eigene Verantwortung braucht.

Nehmen wir beide ernst - aber lassen wir noch eine dritte Stimme zu Worte kommen - die Menschen, die sagen: So klar, wie euch die Sache erscheint, ist sie wohl nicht. Was heißt denn eigentlich Unzucht und Unreinigkeit? Ist damit wirklich nur der Bereich der Sexualität gemeint? Und selbst wenn, haben sich nicht die Moralvorstellungen zu jeder Zeit ständig verändert?

Müssen nicht selbst alte Menschen lächeln, wenn sie an die Vorstellungen der Menschen in ihrer Jugend denken - gibt es vielleicht nicht sogar so etwas wie eine Wellenbewegung, mal in diese, mal in jene Richtung. Gibt es überhaupt die eine christliche Moral - ganz gleich, ob ich sie mir herbeiwünsche oder ob ich sie ablehne? Oder, gibt es vielleicht einen Mittelweg, mit dem alle irgendwie einverstanden sein könnten, einen Kompromiss? Eine Anpassung an die jeweilige Zeit?

Ich muss sagen, dass mir die so Fragenden am Nächsten stehen - ich muss aber auch sagen, dass auch sie wohl auch an der Aussage des Epheserbriefes vorbeigehen:

Deswegen, weil die Reizworte dieses Bibelabschnitts ablenken von dem, was eigentlich im Mittelpunkt steht:

„Seid Gottes Nachfolger als seine geliebten Kinder und lebt in der Liebe, wie auch Christus uns geliebt und sich für uns gegeben hat als Gabe und Opfer"

Das und das allein ist der alles entscheidende Satz. Unser Leben steht unter dem Vorzeichen der Liebe Gottes - sie allein bestimmt Gottes Handeln, sie allein bestimmt auch das Handeln Jesu Christi. Unter diesem Vorzeichen hat sich Jesus von Nazareth in großer Freiheit hinweggesetzt über Vorschriften, Gesetze, Sitte und Moralvorstellungen, die den Menschen seiner Zeit heilig waren - die Evangelien sind voll von Geschichten, die davon berichten (Der Ungehorsam des 12-jährigen Jesus gegenüber seinen Eltern; die Heilungen am Sabbat; der Umgang und die Tischgemeinschaft mit Zöllnern und Sündern). Auch unser heutiges Evangelium (Lukas 9, 57 - 63) ist ein Beispiel dafür, ein zu Herzen gehendes Beispiel wie keine noch so geheiligte Sitte ihn von seinem Weg zu den Menschen abbringen konnte - und auch nicht die Menschen, die ihm zu folgen bereit waren. Unter diesem Vorzeichen hat er aber auch alles auf sich genommen, hat sich selbst gebunden an seinen Auftrag, an den Willen Gottes, an die ihm anvertrauten Menschen - hat sich nicht gewehrt, ist nicht davongelaufen, als man ihn gefangennahm, um ihn umzubringen. Unter diesem Vorzeichen ist er auch nie Kompromisse eingegangen - hat sich nicht angepasst an Strömungen seiner Zeit, an Vorstellungen von Menschen, die den Weg des geringsten Widerstands gehen wollten (weder an die, die ihn zum Volkshelden und Widerstandskämpfer zu machen versuchten, noch an die, die ihm - wie Pilatus - goldene Brücken bauen wollten.). Unser Leben steht unter dem Vorzeichen dieser Liebe in Freiheit und in Bindung - ohne Kompromiss! Seine Liebe zu uns macht erst Liebe unter uns Menschen möglich - und diese Liebe ist nun einmal der einzige Maßstab, den es für uns gibt.

Das ist auf der einen Seite eine ungeheure Befreiung von all den Zwängen, die die Gesellschaft, die jeweiligen Moral, die jeweiligen Wertvorstellungen der Zeit uns auferlegen.

Das ist auf der anderen Seite aber auch eine ungeheure Verantwortung, weil keine Sitte, keine - allgemein anerkannte moralische Vorschrift, kein Gesetz uns die Verantwortung abnehmen kann: das, was man tut zu tun reicht nicht aus zur Gestaltung eines Lebens in der Nachfolge dessen, der uns geliebt hat.

„Lasst euch von niemandem verführen mit leeren Worten" - so lese ich im Epheserbrief - nicht von denen, die meinen, wenn man sich nur an die überkommenen

Moralvorstellungen hielte, dann sei alles in Ordnung - nicht von denen, die sagen, es ginge darum alle diese Vorstellungen zu beseitigen und über Bord zu werfen - nicht von denen, die der Anpassung, dem Kompromiss das Wort reden und vor lauter Fragen keine Antwort mehr geben können oder wollen.

Die leeren Worte - das erinnert mich an das 13. Kapitel des 1. Korintherbriefes: *"Wenn ich mit Menschen - und mit Engelszungen redete und hätte die Liebe nicht, so wäre ich ein tönendes Erz oder eine klingende Schelle - und wenn ich weissagen könnte und wüßte alle Geheimnisse und alle Erkenntnis und hätte die Liebe nicht, so wäre ich nichts."*

Vierter Sonntag in der Passionszeit (Laetare) Johannes 6, 55-63

Lesung der Verse 55-60

In der Tat! Wer kann dem zuhören, ohne zu widersprechen - wer wagt es, so zu sprechen ohne Widerspruch!? Da stimme ich den Jüngern Jesu zu. Eine "harte" Rede fast brutal: Kein Wunder, dass man die ersten Christen verdächtigt hat, sie seien Kannibalen, brächten Kinder um, opferten sie, um sie dann gemeinsam zu essen - so wie man es von fremden, fernen, primitiven Völkern zu wissen meinte. Muss man das nicht anders sagen, um solche und ähnliche Missverständnisse auszuschließen. Das, was hier an Worten Jesu überliefert ist, das ist in dieser Härte einmalig; es verwirrt und beunruhigt mich, es macht mich ratlos...

Bei Johannes heißt es weiter:

"Da Jesus bei sich selbst merkte, daß seine Jünger darüber murrten, sprach er zu ihnen: 'Ärgert euch das?'"

Da nun verstehe ich die Jünger nicht mehr so selbstverständlich wie zu Anfang. Wie gesagt: Ratlosigkeit, Unruhe, Verwirrung, Fragen, Widerspruch, das verstehe ich - aber "Ärger"? Offenbar hören sie die Worte Jesu anders als ich. Offensichtlich ist ihnen anderes wichtig: Offenkundig nehmen sie Anstoß nicht an den "harten" Formulierungen - sondern an dem "harten" Inhalt. Sie ärgern sich darüber, wie einseitig, wie ausschließlich Jesus sich selber als das eine - das einzige - "Mittel zum Leben" beschreibt. Es ärgert die Jünger, wie "abfällig" Jesus spricht über Dinge, die ihnen wichtig, wertvoll, geheiligt, unantastbar erscheinen. "Das Brot, das vom Himmel gekommen ist", das ist für sie das, was das Volk Israel in der Wüste nach der Flucht aus Ägypten ernährte, das "Manna", das Gott vom Himmel fallen ließ, als sein Volk dem Hungertod nahe war - und als sie sich zurücksehnten nach den "Fleischtöpfen Ägyptens"; es ist das "Lebensmittel", das es dem Volk Israel ermöglichte, weiterzugehen auf dem Weg, den Gott selber ihnen ja vorgezeichnet hatte, das Ziel zu erreichen, das der Herr ihnen vorgab durch seine Verheißung, durch sein Versprechen, sie in das Land zu führen, "da Milch und Honig fließen", in das neue Paradies, das er den Vätern verheißen hatte - und auch dieses Brot vom Himmel ist ihnen im Grunde nur Zeichen, Abbild, für das, was das Gottesvolk wirklich ernährt hat - nicht nur bei der Wanderung durch die Wüste. Das, was sie meinen, hat Jesus selber einmal mit Worten der Heiligen Schrift gesagt, zitiert, als es darum ging, dem Versucher zu widerstehen: *"Da wurde Jesus vom Geist in die Wüste geführt, damit er von dem Teufel versucht würde. Und da er vierzig Tage und vierzig Nächte gefastet hatte, hungerte ihn. Und der Versucher trat zu ihm und sprach: Bist du Gottes Sohn, so sprich, daß diese Steine Brot werden. Er aber antwortete und sprach: "Es steht geschrieben (5. Mose 8,3): »Der Mensch lebt nicht vom Brot allein, sondern von einem jeden Wort, das aus dem Mund Gottes geht."*

(Matthäus 4, 1-4).

Für sie - die Jünger - wie für uns - die Hörer, die Leser dieser Worte heute - geht es um diese Frage: Was ist wirkliches "Lebensmittel" -"Mittel zum Leben", was erhält Leben, was macht es wertvoll, erfüllt es mit Sinn, was gibt Richtung und Ziel - was lässt uns Menschen leben?

Die Rede Jesu kann daher wohl wirklich nicht nur die Jünger ärgern, weil sie all das infrage stellt, was sie bisher für sicher hielten - diese Rede Jesu wird auch viele Menschen heutzutage ärgern können - heutzutage, in einer Zeit, in der die Antworten auf diese Frage so unterschiedlich und vielfältig sind.

Was ist dein "Lebensmittel"?

"Das, was ich genieße, was ich mir gönne, was ich mir - neudeutsch gesagt - 'reinziehe'" - Konsum eben. Und da ist es im Prinzip ganz gleich ob ich mich mit Essen und Trinken vollstopfe oder mit Informationen - ob ich mich (über)sättige an Unterhaltung oder Wissen - ob ich mit Drogen neue Erfahrungen zu machen glaube, oder mich einfach nur "zuknalle" oder ob ich im Beruf aufgehe und mich in Arbeit flüchte (der Unterschied zwischen 'Alcoholic' und 'Workaholic' ist so groß nicht) – ob nur der Sex etwas zählt oder der immer neue "Kick" bei allerlei Sportarten, die den

Menschen an seine Grenzen führen.
Was ist dein "Lebensmittel"?
"Das, was ich schaffe und erhalte, was ich erreiche im Leben und darstelle" - Besitz, Habe. Und da ist es im Prinzip gleich, ob das nun Geld und Gut, Haus und Hof ist, oder Ansehen und Macht - ob es um Karriere im Beruf geht oder in der Politik - um die Achtung der Mitmenschen oder um das eigenen Selbstwertgefühl - um Einfluss auf andere oder Entfaltung meiner Persönlichkeit...
Was ist dein "Lebensmittel"?
"Das, was mir Sicherheit gibt." Besitz also nicht als Selbstzweck, Reichtum als "Mittel zum Zweck", um die Zukunft zu sichern - nie zuvor haben so viele Menschen so viele Versicherungen abgeschlossen für und gegen alle Eventualitäten des Lebens - nie zuvor in der Neuzeit haben sich mehr Menschen all dem Religiösen oder Pseudoreligösem geöffnet, das ihre Zukunft sichern soll, ihre Gesundheit, ihren Erfolg - immer fremdere, immer exotischere Glaubensvorstellungen genauso wie den traditionellen Versuche, die Zukunft "in den Griff" zu bekommen - Astrologie und Kartenlegen - täglich bei den einschlägigen Fernsehsendern zu verfolgen.
Ja selbst das ängstliche Festhalten an überkommenen Glaubensvorstellungen - selbst der Fundamentalismus, den es nicht nur im Islam gibt - gehört für mich in diese Reihe der Sicherheitssuche und Sicherungsversuche...
"Dies ist das Brot, das vom Himmel gekommen ist" - dies allein. Alles andere ist letztlich nicht "Lebensmittel", kann den Tod nicht verhindern, den Tod, der mehr ist als das Ende dieses Lebens, das mit der Geburt beginnt. Auch die, die von dem anderen Himmelbrot gegessen haben, sind gestorben. "Wer dies Brot isst, der wird leben in Ewigkeit" - ich selber bin es, sagt Jesus - ich selber bin es - in der Tat geopfert, wie meine Worte es zu verstehen geben - geopfert von den Menschen und für die Menschen - geopfert, damit ihr mich in euch aufnehmen könnt - damit ihr in mir bleibt und ich in euch, so eng verbunden, dass mein Leben auch euer Leben ist, mein Sterben auch euer Sterben, meine Auferstehung auch eure Auferweckung, mein

ewiges Leben bei Gott auch das eure - Gottes Lebenskraft ist die meine und ich gebe sie weiter an euch...

Mit Worten aus dem Johannesevangelium: "Wie mich der lebendige Vater gesandt hat. und ich lebe um des Vaters willen, so wird auch, wer mich isst, leben um meinetwillen."

Aus dem Johannesevangelium lese ich weiter :

Johannes 6, 61b - 63

"Er sprach zu ihnen: Ärgert euch das? Wie, wenn ihr nun sehen werdet den Menschensohn auffahren dahin, wo er zuvor war? Der Geist ist's, der lebendig macht; das Fleisch ist nichts nütze. Die Worte, die ich zu euch geredet habe, die sind Geist und sind Leben."

Damit diese Worte anschaulich, spürbar werden, feiern wir das Heilige Abendmahl, nehmen Jesus Christus in Brot und Wein in uns auf...

Fünfter Sonntag in der Passionszeit (Judika) Markus 14, 66-72 (15, 1-5)

"Und er fing an zu weinen" - und er hatte allen Grund dazu! Nicht nur, dass ihm in diesem Augenblick klar wird, dass er sich von dem losgesagt hat, der ihm alles bedeutete - so losgesagt, wie man es härter nicht sagen kann: "Ich kenne den Menschen nicht, von dem ihr redet". Nicht nur, dass es er das sogar beschworen hatte. Nicht nur, dass er in diesem Augenblick sich erinnern muss an das, was er voll Selbstbewusstsein und Selbstsicherheit versprach: "Und wenn sie alle Ärgernis nehmen, so doch ich nicht! Selbst in den Tod werde ich mit dir gehen!“ Nicht nur, dass er die Worte noch im Ohr hat, die Jesus zu ihm sagte: "Du bist Petrus, der Felsen auf dem ich meine Kirche bauen will". Wohl doch nur auf Sand gebaut…!
Das alles ist Grund genug, in Tränen auszubrechen über den Verlust des Freundes und Meisters und über den Verlust der Selbstachtung - über den Missbrauch des Vertrauens und über den Missbrauch des Eides. Als ob das alles nicht reichte, mussten wir hören: "Er aber fing an, sich zu verfluchen..." Ja, so wird er sich vorgekommen sein: Verflucht! - durch sein eigenes Tun und durch sein eigenes Wort. Petrus hat sich selbst das Urteil gesprochen - für ihn gibt es keine Hoffnung. Alles ist zu Ende - nicht nur für heute oder morgen, sondern für alle Zeit - nicht nur vor sich selbst oder vor den Menschen, sondern im Angesicht Gottes ...
Als diese Geschichte erzählt wird, als Markus sie aufschreibt, ist dieser Petrus längst als das bekannt, was Jesus von ihm sagte: Als Fels, auf dem die Kirche gebaut wird - einer zumindest von den Fundamenten der Kirche neben Jakobus, dem Bruder Jesu, und neben Paulus, der die Völker jenseits der Grenzen des Gottesvolkes bekannt machte mit Jesus Christus. Wenn wir dies hören, ist er uns auch bekannt als der, der das wahrgemacht hat, was er Jesus versprach: In den Tod gegangen ist er für Gott und für Jesus und für seinen Glauben.
Warum wird diese Geschichte dann noch erzählt - diese Geschichte von dem Versager, der sich selbst überschätzt und sich selbst verurteilt?

Die Geschichte der Menschheit ist voll davon, dass in den Biographien der Großen unserer Welt alles gestrichen und vergessen ist, was sie kleiner, schwächer, angreifbarer machen könnte - da wird geschönt und gelogen nach Strich und Faden...
Warum also diese Geschichte? Sicher nicht, damit Jesus herausgestrichen wird als der, der alles vorher weiß und vorhersagt...
Ich kann mir nur zwei Gründe denken:
Der erste: Petrus steht stellvertretend für alle Menschen, die sich überschätzen, die zu viel von sich halten, die sich zu sicher sind - und die dann in irgendeinem entscheidenden Augenblick ihres Lebens versagen - er steht stellvertretend für all die Menschen, die sich auch in ihrem Glauben zu sicher sind, und die Probe aufs Exempel nicht bestehen - er steht stellvertretend für all die, die sich, wenn es darauf ankommt, lossagen von Jesus Christus - meist nicht so aufsehenerregend wie Petrus: Die vielleicht nur das deutliche Wort scheuen im Gespräch mit Nachbarn, Kollegen, Bekannten, wenn ihr Zeugnis für Jesus Christus gefragt wäre - oder die vielleicht nur in ihrem Alltag so leben, als gäbe es Gott nicht...
Ja, er steht stellvertretend auch für mich - denn ich bin ja nicht frei davon - von dem allen, von Versagen und Verleugnen, Verstecken und Verschweigen ...
Darum, so sagt man, ist auf dem Kirchturmspitze so oft der Hahn zu sehen: Damit er uns erinnert an Petrus und sein Versagen. Aber, das ist nicht alles - vielleicht nicht einmal das wichtigste. Die Geschichte des Petrus zeigt, dass wir weder einen Grund noch das Recht haben, uns selbst das Urteil zu sprechen, uns selbst zu verfluchen. Jesus Christus gibt keinen Menschen auf - nicht einmal den, der sich selbst aufgibt - er verurteilt niemanden zum ewigen Tod, selbst den nicht, der sich selber unter den Todesfluch stellt. Seine Liebe ist größer als all unsere Lieblosigkeit; seine Gnade ist größer, als all unsere Gerechtigkeit; seine Barmherzigkeit ist mehr als all unser Unduldsamkeit - so unendlich viel größer, dass er dem vergibt, der ihn verleugnet, den stärkt, der versagt und auf den bauen kann, der sich selbst aufgibt.

Sechster Sonntag in der Passionszeit (Palmsonntag)   Jesaja 50, 4-9

Zum Wachwerden brauche ich einen „Wecker" - eine Uhr, einen Zeitmesser, der mir unmissverständlich zu verstehen gibt: Jetzt ist es Zeit für dich, Zeit für dich, aufzuwachen - manchmal einen schrillen Wecker, der mich aufschreckt - lieber natürlich jemanden - einen Menschen - der mich ohne Schrecken aus dem Schlaf holt... Jetzt ist es Zeit - ja, heute, am Palmsonntag, am Beginn der Karwoche, der Leidenswoche unseres Herrn Jesus Christus - heute ist es höchste Zeit, aufzuwachen - letzte Möglichkeit, diese Zeit zwischen Aschermittwoch und Karsamstag nicht als eine Art „Osteradvent" wahrzunehmen, als Vorspiel, Vorbereitung auf ein schönes Fest - wie Advent eben vor Weihnachten - nur, dass die Bäumchen Eier tragen statt Kerzen und Sternen, und die Schaufenster Hasen statt Weihnachtsmännern und Engeln... Zeichen dafür, wie groß die Müdigkeit geworden ist, wie tief der Schlaf - so tief, dass Menschen das Leiden nicht mehr wahrnehmen wollen oder können - dass sie das eigene Leid verdrängen und das Leid des Mitmenschen vergessen...

Vielleicht, weil wir von all dem unermessliche Leid in unserer Welt abstumpfen: Die Katastrophen, von denen uns das Fernsehen Tag für Tag die Bilder ins Haus liefert; die Kriege und Bürgerkriege, die kein Ende nehmen - kaum ist einer beendet, flammt ein anderer auf; die Gewalt, deren Urheber immer jünger werden; die Krankheiten, deren wir nicht Herr werden können... Vielleicht auch, weil es uns so geht wie den Jüngern Jesu selbst: Als er im Garten Gethsemane gebetet, mit Gott gerungen hat, da - so berichtet der Evangelist Lukas - da kam er „und fand sie schlafend vor Traurigkeit"... Vielleicht, weil wir auch in unseren Gemeinden, in unserer Kirche längst resigniert haben - resigniert angesichts des Leidens, resigniert angesichts unserer Machtlosigkeit, angesichts des schwindenden Einflusses, resigniert, weil wir immer weniger wahrgenommen, gehört werden...? Wer redet mit den „Müden" zur rechten Zeit - und die Müden, das sind nicht nur die anderen, dazu gehöre ich selbst auch. Wer redet mit mir zur rechten Zeit, heute, jetzt...?

Das, was der Profet Jesaja hier aufgeschrieben hat, was durch die Jahrtausende uns überliefert ist - das ist für mich wirklich so etwas wie ein Wecker geworden - hat mich aufgeschreckt und wach gemacht. Warum? Ich will versuchen, es zu sagen:

Weil er meine Aufmerksamkeit auf etwas ganz bestimmtes gelenkt hat - weil es jemanden sprechen lässt, der trotz aller Müdigkeit nicht einschläft und trotz allen Leidens nicht resigniert - jemanden, der geschlagen wurde, weil er Gott gehorsam war - aus keinem anderen Grund - und der nicht fortläuft, aufgibt, sich versteckt - jemanden, dem man den Bart ausreißt - nicht nur schmerzhaft, sondern für den frommen Juden voller Schmach - und der sich trotzdem nicht schämt - jemand, den man anspuckt, und der sich trotzdem nicht duckt - jemand, dem man sein Recht nehmen will und Unrecht zufügt, und der trotzdem weiß, dass er Recht hat und Recht behält... Und das alles nicht, weil er so stark, so heldenhaft ist, sondern weil er auf Gott vertraut; weil er weiß: Gott spricht mich gerecht – wie viel Unrecht mir Mensch auch tun - weil er weiß: Gott lässt mich nicht zuschanden werden, wie viel Schmach und Schande ihm Menschen auch zufügen - weil er weiß: Gott ist meine Stärke, so stark sich auch die Gegner gebärden... Weil Gott ihm selber das Ohr geöffnet hat, damit er Gott, sein Wort, seine gute Botschaft hören kann - darum kann er reden zur rechten Zeit und mit den rechten Worten, weil Gott ihm seine Zunge löst... „Alle Morgen" - immer wieder neu, weil die Müdigkeit, die Gleichgültigkeit, die Resignation nicht einfach ein für alle Mal überwunden ist, sondern immer wieder droht... Der, der hier zur rechten Zeit redet, ist nicht Christus selbst - so sehr das, was er zu leiden hat, an dessen Passion erinnert - so sehr das, was er tut, dem ähnelt, was Christus tut - so sehr seine Zuversicht dem Gottvertrauen Jesu gleicht..

Zweierlei macht das deutlich:

Der hier spricht hat „sein Angesicht hart gemacht wie einen Kieselstein" - Jesus aber weint, als er vor seinem Einzug in Jerusalem die Stadt sieht - er weint nicht aus Selbstmitleid angesichts seines zukünftigen Schicksals, sondern aus Mitleid mit denen, die bald „Kreuzige ihn" schreien werden, im Garten Gethsemane lässt er seinen

Tränen freien Lauf - und am Kreuz sieht er voll Liebe und Vergebung auf die, die ihn quälen und verspotten. „Herr vergib ihnen, denn sie wissen nicht, was sie tun", so bittet er seinen Vater für seine Mörder - und droht ihnen nicht damit, dass sie „zerfallen werden wie Kleider"... Nein, Christus ist es nicht, den der Profet hier zu Wort kommen lässt - aber in allem weist er auf ihn - zeigt auf ihn, von dem er die Kraft bekommt und die Zuversicht, deutet auf ihn, der ihn wach und wachsam sein lässt - verkündet den, der ihm das Ohr öffnet und die Zunge löst, damit er die gute Botschaft sagen kann - so sagen, dass es auch die „Müden" hören und verstehen können.

„Gott, der Herr hat mir eine Zunge gegeben, wie sie Jünger haben" - so sagt er.

Es ist eines der Wunder Gottes, dass es schon 600 Jahre vor dem Wirken und dem Leiden Jesu Menschen gibt, die seine Jünger sind - die ihm gehorchen, indem sie für ihn einstehen, obwohl er den Auftrag „Gehet hin in alle Welt und macht zu Jüngern alle Völker" (wie wir ihn bei der Taufe hören) noch gar nicht gegeben hat - die seinen Spuren schon folgen, bevor sie sichtbar wurden - die seine Botschaft hören, ehe sie gesprochen wurde - die das Evangelium verkünden, bevor es geschrieben wurde - er folgt Jesus nach in seinem Tun und in seinem Reden - obwohl er ihm in der Zeit vorausgeht. Wenn dieses Wunder Gott möglich ist - warum sollte er an uns nicht das gleiche Wunder tun können!? Wir blicken doch zurück auf Jesus Christus, auf sein Leben, auf seine Taten, auf sein Leiden, seinen Tod und seine Auferweckung - wir sind getauft und in der Taufe hat er uns zugesagt, uns versichert: „Siehe ich bin bei euch alle Tage bis an der Welt Ende (und das heißt: jeden Tag, „alle Morgen"!) - wir können seine gute Botschaft von Gottes Liebe und Treue, vom Leben, das er erhalten und neu schaffen will, lesen und hören und bedenken. Dafür hat er uns Augen gegeben und Ohre - eine Zunge, die reden kann, Füße, die uns dahin tragen können, wo er uns braucht, und Hände, die tun, was nötig ist.

Gründonnerstag Hebräer 2, (10 -) 14-18

Jeder muss seine Erfahrungen selber machen - niemanden können wir davon abhalten, die Fehler zu wiederholen, die wir selbst machten - niemandem können wir vor den Versuchungen bewahren, denen wir erlagen - niemandem können wir das vermitteln, was unser Leben lebenswert gemacht hat - auf niemandem das übertragen, was uns half. Jeder muss seine Erfahrungen selber machen - aber, wenn wir die Erfahrungen gemacht haben, dann können wir sie mit anderen teilen, die sie auch machten - dann verstehen wir uns, wenn wir unsere Gedanken austauschen; fühlen mit, wenn wir spüren, was ein anderer fühlt; können mittragen, was belastet; können mitfeiern, was es Schönes im Leben gibt; können uns mitfreuen wie mitleiden - dann können wir auch raten und helfen - ein Stück mitgehen auf dem Lebensweg - dann gehören wir zusammen.

Was wie eine neue Erkenntnis der Psychologie oder der Therapie klingt – zum Beispiel dass Menschen, die nie Liebe und Nähe, menschliche Wärme und Zunei-gung erfahren haben, kaum in der Lage sind, selber zu lieben - oder dass denen, die abhängig werden von Alkohol oder Drogen, von der Sucht nach Arbeit oder Spiel, oft am besten die helfen, die selber erlebt, erlitten, erfahren haben, wie es ist, in dieser Gefahr zu stehen - als Betroffene oder Angehörige - was so modern klingt, ist eine alte Erkenntnis, die hier Eingang gefunden hat in den Brief an die Hebräer - hier an dieser Stelle, an der der Verfasser dieses Briefes versucht, zu verstehen und zu erklären, warum Gott so wunderbar handelt in Jesus Christus:

Es ist nötig - nötig, damit Christus uns, den Menschen, wirklich helfen kann:

Wir sind Geschöpfe aus Fleisch und Blut, wir denken und fühlen - und oft genug führen unsere Gefühle uns in eine ganz andere Richtung als unser Denken - wir spüren unendlich viele Möglichkeiten in uns und stoßen immer wieder sehr bald an Grenzen - wir wissen meist, was richtig und gut ist, und tun nur zu oft das Gegenteil – wir erkennen, wenn uns jemand verführen will und hereinlegen, und fallen doch darauf herein - wir sind voll Hoffnung, machen Pläne, wollen die Zukunft gestalten, und lassen uns doch lähmen von der Furcht vor dem, was kommt - wir fühlen uns frei und lassen uns doch zu Unfreien machen, zu Sklaven unserer Furcht oder unserer Sehnsüchte, unserer Wünsche und unserer Ängste - wir glauben, dass wir unsere eigenen Herren sind, und verfallen dem Bösen - lösen uns von Gott und merken nicht, dass das Böse uns fesselt - und darum - so der Hebräerbrief - darum leben wir und gehen doch zu auf den Tod.

"Er nimmt sich nicht der Engel an, sondern der Kinder Abrahams nimmt er sich an - Weil nun die Kinder von Fleisch und Blut sind, hat auch er's gleichermaßen angenommen" - Engel brauchen keine Hilfe und Halbgötter können nicht helfen. In Jesus Christus nimmt Gott Fleisch und Blut an - wird Mensch, wirklicher Mensch, macht die Erfahrungen, die Menschen machen - gute wie schlimme - erfährt Liebe und Hass, Anerkennung und Ablehnung, Treue und Verrat, Glück und Trauer - erlebt selbst, wie es ist, "versucht" zu werden, es ohne Gott zu versuchen, dem scheinbar eigenen Willen zu folgen, den scheinbar eigenen Weg zu gehen - nach der Krone zu greifen und die Dornenkrone zu vermeiden - Weltherrscher und nicht Narrenkönig zu werden - sich auf den Thron heben zu lassen und nicht ans Kreuz genagelt zu werden - den Freudenbecher zu leeren und nicht den Leidenskelch - ohne Gott scheinbar weiterzuleben und nicht mit Gott zu sterben. Er durchlebt diese Versuchung - in der Wüste und im Garten Gethsemane - und sicherlich nur zu oft auf seinem Weg - und er durchlebt die Versuchung, aufzugeben, weil die Menschen, für die er all das auf sich nimmt, es ihm nicht danken - er durchlebt vor allem wohl auch die Versuchung, die abzuschreiben, die ihn verlassen und verleugnen, den aufzugeben, der ihn verrät, denen nicht zu vergeben, die ihn quälen und verspotten.

Darum kann er helfen - kann jedem und jeder von uns helfen, wenn das Böse von uns Besitz ergreifen will, uns Gott abspenstig zu machen versucht, uns gegeneinander aufwiegelt - darum kann er uns helfen, wenn wir leiden, uns ängstigen, uns sorgen... weil er diese Erfahrungen alle mit uns teilt und weil er uns seine Erfahrung der Nähe, der Hilfe, der Kraft, der Liebe Gottes mitteilen will - uns die Erfahrung mitteilen will, dass Gott sich uns ganz gibt.

Aber - wie war das doch gleich? Erfahrungen kann man nur selber machen, man kann sie nicht übertragen und nicht vermitteln, nicht anerziehen und nicht andemonstrieren. Dann geht doch auch das nicht - dann bleibt es doch bei dem Wort, bei Erklärung und Erzählung... Seine Jünger haben seine Worte gehört, seine Taten miterlebt - und es scheint ihnen nicht gereicht zu haben. Darum tut Jesus das, woran wir uns heute erinnern - weil die Jünger - wie wir - aus Fleisch und Blut sind, lässt er sie seine Liebe und Nähe spüren: Er versammelt sie alle am Tisch - eben auch Judas, der ihn schon verraten hat und Petrus, der sich von ihm lossagen wird - feiert mit ihnen das Mahl der Befreiung - und gibt sich ihnen wirklich - in Brot und Wein - er selber für sie gegeben - spürbar, zum Anfassen - wird ihnen Hoherpriester und Opfer zugleich - und schließt sie zusammen, sie alle. Und gibt ihnen den Auftrag, dies immer wieder zu wiederholen - zu seinem Gedächtnis - und das ist mehr als Erinnerung, das ist Vergegenwärtigung – das heißt, das Vergangene wird wirklich Gegenwart.

Weil nun die Kinder aus Fleisch und Blut sind - oder wie Martin Luther es in seiner Art sagte: Weil wir nicht nur aus Kopf bestehen, sondern auch aus Bauch - darum feiern wir das Abendmahl - und können dabei die Erfahrung machen, dass er uns wirklich alle will, wie wir sind - aus Fleisch und Blut - versucht und der Versuchung erlegen - darum verspricht er, selber da zu sein - in unserer Mitte, in Brot und Wein - darum erleben wir, dass wir zusammengehören in seiner Gemeinde - so unterschiedlich wir auch sind - so oft wir manchmal untereinander leiden oder einander Sorgen machen - Menschen eben und keine Engel - hören es nicht nur, sondern können es spüren .... Das wünsche ich uns von Herzen.

Karfreitag Lukas 23, 33-49

"Hilf dir selber!" Ist es wirklich nur Spott und Hohn, was sie dazu bringt, den Gekreuzigten so anzureden? Sie, die "Oberen" des Volkes; sie, die Soldaten; sie, die Übeltäter? Ist es nicht vielmehr ihr Lebensmotto, das, wonach sie ihr Leben ausgerichtet haben?

Die "Oberen" - sie haben es geschafft, sie sind ganz nach Oben gekommen, sie machen die Meinung und kontrollieren das Volk, sie haben das Recht in ihre Hände genommen und bestimmen, was als Gottes Wille zu gelten hat. Sie sind die Erfolgreichen, die Angesehenen, die Mächtigen, die "das Sagen haben". "Hilf dir selber" - wahrscheinlich glauben sie es selbst, dass es ihr eigenes Verdienst war, was sie nach "Oben" gebracht hat, ihre Kenntnisse und Fähigkeiten, ihr Einsatz und ihr Engagement, ihr Fleiß und ihre Mühe. "Er hat anderen geholfen" - er hat gezeigt, dass er etwas kann, etwas zu bewegen vermag - warum tut er nichts für sich? Wer wird so dumm sein?

"Er helfe sich selber, ist er der Christus, der Auserwählte Gottes" - wenn er der ist, für den er sich ausgibt, was läge näher als dass er sein Schicksal selber in die Hand nimmt. Ihr Erfolg, ihr "Oben"-sein, das ist für sie auch Zeichen dafür, dass Gott mit ihnen ist - Misserfolg, Scheitern, Schwäche, Leiden - das ist ihnen Zeichen dafür, dass Gott nicht mit einem Menschen sein kann. "Hilf dir selbst, so hilft dir Gott" - so sagt es das Sprichwort....

"Gott ist auf der Seite der stärkeren Bataillone" - so hat man das ganze militärisch formuliert - die Erfahrung aus hunderten von Kriegen und kriegerischen Auseinandersetzungen - auch wenn man nicht die Inschrift "Gott mit uns" auf den Koppelschlössern trägt.... Auch die Soldaten haben ihre Erfahrungen mit dem "Hilf dir selbst" - auf wen denn sollten sie sich sonst verlassen im Kampf als auf ihre Geschicklichkeit und ihre Stärke, auf ihre Erfahrung und ihren Mut, auf ihre Tapferkeit und ihr Durchhaltevermögen. Und wie viel mehr gilt das für die, die ihnen übergeordnet sind - erst recht für den Oberbefehlshaber! "König der Juden" - wenn er es wäre, dann würde er sich selber helfen - würde seine Autorität zeigen, würde befehlen - und sie würden gehorchen, wie sie es immer getan haben und auch in diesem Augenblick tun. Respekt können sie nur vor dem haben, der sich selber hilft - dem Schwachen kann man das bisschen noch nehmen, das ihm gehörte - das "letzte Hemd" , wenn es möglich ist...

"Hilf dir selbst" - Lebensmaxime auch für die, die Lukas "Übeltäter" nennt - Gesetzesbrecher welcher Art auch immer: Rebell, Freiheitskämpfer für die einen, Terrorist für die anderen - er nimmt sein Schicksal und das seines Volkes, seiner Klasse, seiner Rasse selber in die Hand, da ihm doch niemand hilft. Der Mörder macht sich zum Herrn über Leben und Tod, bestimmt nicht nur über sein Leben, sondern auch über das anderer - der Dieb, der Betrüger, er "hilft sich selbst", verhilft sich selbst zu dem, was man ihm vorenthält - nimmt sich, was er braucht oder zu brauchen meint - "nimmt sich sein Recht" - das also, was er für sein Recht hält ...

"Hilf dir selbst" - das ist ein zeitloser Satz - er wurde nicht nur, nicht erst unter dem Kreuz Jesu "erfunden" - er gilt für den Menschen von Anfang seiner Existenz an - bis heute.

Ich erinnere mich: Vor Jahren gab es eine deutsche Fassung des alten religiösen Liedes amerikanischer Farbiger "He's got the whole world in his hands" - und da war nicht mehr davon die Rede, dass "Er", Gott also, die ganze Welt ins seinen Händen hält, da hieß es: "Auch du hast dein Schicksal in deiner Hand" - tausendfach gehört und wahrscheinlich tausendfach gesungen, weil die Melodie so eingängig und - so glaube ich - weil die Worte genauso eingängig waren.

"Jeder ist sich selbst der Nächste" - das ist dann die nächste Konsequenz aus dieser Grundüberzeugung - da kann dann auf Solidarität mit den Schwächeren gut verzichtet werden, und die Forderung, jeder solle mehr für sich selbst sorgen und vorsorgen findet breite Zustimmung. „Wenn jeder für sich sorgt, dann ist für alle gesorgt“ – dieser zynische Spruch geht um. Und wenn denn doch einmal die Sorge um das

Schicksal anderer zu groß wird, dann scheint nur noch die Gewalt zu helfen....

Jesus Christus, der Gekreuzigte - er verzichtet - verzichtet nicht nur auf Gewalt, verzichtet auch darauf, sich selber zu helfen - er, der die Macht und die Möglichkeit gehabt hätte. Er verzichtet darauf nicht erst am Kreuz – auch vorher tut er keine Wunder, um den Skeptikern zu beweisen, dass er der ist, den Gott gesandt hat - er entlarvt den Verräter nicht im Kreise sein Freunde, obwohl er ihn kennt - er entzieht sich nicht der Verhaftung, verbietet seinen Freunden, ihn und sich selbst mit der Waffe zu verteidigen - er verteidigt sich nicht im Schauprozess - er spielt nicht die Besatzungsmacht aus gegen die Mächtigen seines Volkes - er klagt seine Mörder nicht an, verurteilt sie nicht - im Gegenteil, er entschuldigt, er verteidigt sie, die "nicht wissen, was sie tun" - er wehrt sich nicht - nicht gegen die Kreuzigung, nicht gegen den Spott.

Er verlässt sich nicht auf sich selber - er verlässt sich ganz und gar auf Gott: "Vater, ich befehle meinen Geist, ich befehle mich, in deine Hände" - das überliefert Lukas als seine letzten Worte - Worte, die an das erinnern, was er im Garten Gethsemane betete: "Nicht wie ich will, sondern wie du willst" - und wie er es seine Jünger zu beten lehrte: "Dein Wille geschehe, wie im Himmel, so auf Erden."

Zwei Menschen, die ihm nahe sind am Kreuz - zwei zumindest scheinen zu begreifen, was hier geschieht und reagieren auf ihre Weise: Der Befehlshaber der Soldaten ist der eine: Er sieht Gott am Werk, obwohl die anderen alle meinten, der Mensch triumphiere - darum "preist" er Gott, obwohl für die anderen - selbst für die Freunde Jesu nichts lobenswertes, nichts preiswürdiges zu geschehen scheint. Sie sehen nur den, der sich nicht selber hilft, sich nicht selber helfen kann. Sie sehen nur das Scheitern, die Niederlage - er sieht den Sieg Gottes. "Fürwahr, dieser ist ein frommer Mensch gewesen" - ein Mensch, der an Gott festhält - immer. Mit dem Hauptmann teile ich wohl den Wunsch, selber in dieser Weise "fromm" sein zu können - im Leben wie im Tode mich ganz auf Gott zu verlassen...

Der andere ist der eine der "Übeltäter": Er sieht, wer und wie er selber ist, sieht seine

Schuld ein und nimmt deswegen auch die Strafe an. Er weist den zurecht, der selbst am Kreuz nicht einsieht, dass es letztlich sein absolutes Zutrauen zu sich selbst war, das ihn dorthin brachte.

"Hilf dir selbst" hat diesem wie ihm selber nicht geholfen! Darum legt er sein Schicksal in Jesu Hände.

Wie er möchte ich die Kraft haben, einzusehen, wohin mich das Verlassen auf mich selber führt, möchte die Kraft bekommen, zu erkennen und zu bekennen, dass dies mich von Gott getrennt hat und immer wieder trennt.

Und: Mit ihm möchte ich sprechen: "Jesus, gedenke an mich, wenn du in dein Reich kommst!"

Die Gemeinde singt EG 97, 1

Er schleppt sich den Berg hinauf. Der Balken auf seinen Schultern lastet schwer. Er bricht zusammen, wird aufgerichtet. Oben auf dem Berg ist ein anderer Balken aufgerichtet - senkrecht steckt er in der Erde. Bald werden die beiden Hölzer vereint sein. Bald wird die Last ihn nicht mehr drücken. Bald wird er am Kreuz hängen, Füße und Handgelenke durchbohrt. Die Last des Holzes ist von ihm genommen. Aber, welche Last liegt nun, immer noch auf ihm.

„Fürwahr, er trug unsre Krankheit und lud auf sich unsre Schmerzen. Wir aber hielten ihn für den, der geplagt und von Gott geschlagen und gemartert wäre." (Jesaja 53, 4), so heißt es beim Profeten Jesaja.

„Von der Welt verflucht" - nicht das Holz, sondern er, der das Fluchholz trägt - den das Fluchholz trägt. Verflucht von seinem Volk, dem er die Nähe ihres Gottes verkündete und seine Liebe - verflucht von den fremden Besatzern, die unberührt blieben von der Botschaft; verspottet von dem Machthaber, der den Königstitel über seinem Kopf anbringen ließ, von den Mächtigen seines Volkes, von den Gaffern und Neugierigen, die die Inschrift lasen - verspottet, verflucht sogar von dem Leidensgenossen. Die ganze Welt!

Unsere Krankheit, unsere Schmerzen und unseren Spott trägt er, trägt schwer an unserem Nicht-Verstehen. Vom Kreuz schaut er uns an.

„Sieh, wohin wir gehn" - ja, wohin geht es mit uns? Geht es weiter mit uns wie bisher? Geht es weiter mit uns zu den Toten, in den Tod?

Wohin geht unsere Fahrt durch das Leben, wohin treibt unserer Erde, unsere Welt mit und ohne unser Zutun - durch unser Handeln und durch unser Unterlassen?

Werden weiter viele, viele Tausende Hungers sterben während in Europa Rinder, Schafe und Schweine - zur Nahrung bestimmt - getötet und vernichtet werden, vergraben, verbrannt. Welcher Fluch liegt unserer Welt, was hat diesen Fluch verursacht, wer ihn auferlegt?

Wird es weiter Unfrieden geben - nicht nur in den Gegenden unserer Welt, die wir „Krisengebiete" nennen, wo Krieg herrscht oder Bürgerkrieg? Werden bei uns weiter Menschen ausgegrenzt, verachtet, gejagt, sogar umgebracht, weil sie fremd sind und fremd aussehen? Wird weiter demonstriert werden gegen die Atommülltransporte - werden weiter Polizisten den Demonstranten gegenübergestellt? Werden wir weitergehen auf dem Weg zur „Zweidrittel -Gesellschaft" im Gegenüber derer, die Arbeit haben und derer, denen vorgeworfen wird, sie suchten ja gar nicht mehr?

Herr, sieh wohin wir gehn - und erbarme dich unser. Kyrie eleison!

Die Gemeinde singt: EG 97, 2 und 3

„Die Erde klagt uns an bei Tag und Nacht" - nicht nur die Menschen, von denen ich sprach, nicht nur die Tiere, die wir „Nutztiere" nennen - die ganz Erde, die wir ausbeuten wie so mancher Mensch und manches Tier ausgebeutet werden - die Wälder, die abgeholzt oder abgebrannt werden, die Meere, die man leerfischt und mit Abfällen des Wohlstands verdreckt und verseucht, die schützende Hülle um unserer Welt, die wir zerstören mit Abgasen, den Boden, in dem Minen vergraben werden...

„Wollen wir Gott bitten, daß auf unsrer Fahrt Friede unsre Herzen und die Welt bewahrt" - für mich ist das mehr Frage als Feststellung. Wie können wir so bitten, wenn wir nicht Frieden machen wollen - untereinander, mit unseren Mitgeschöpfen, mit unserer Welt? Wie können wir es wagen angesichts all der Kreuze, die nach dem Kreuz von Golgatha aufgerichtet wurden und werden. Nur eine Hoffnung gibt es, dass wir so beten, so bitten dürfen - und nur eine Hoffnung, dass diese Bitte nicht abgewiesen wird, dies Gebet nicht ungehört verhallt: Weil der am Kreuz gesagt hat: „Es ist vollbracht!" - und weil sein Wort das Wort des Himmels ist, das Wort des Vaters, der Schöpfer ist und Erhalter, sein Vater, unser Vater.

Herr, sieh wohin wir gehn - und erbarme dich unser. Kyrie eleison!

Die Gemeinde singt: EG 97, 4 und 5

„Wollen wir Gott loben" - auch das für mich mehr Frage als Forderung. Gibt es nicht viele Menschen, die meinen, an allem sei Gott schuld!? „Wie kann Gott das zulassen?!" - wie oft höre ich dies wörtlich, dem Sinn nach - wie oft denke ich selber so, klage, klage an. Missverständlich das Lied, das wir singen, an dieser Stelle: „denn die Erde jagt uns auf den Abgrund zu" - als ob es eine Macht außerhalb des Menschen wäre, die uns der Vernichtung zutreibt - das Schicksal oder die Natur, die Vorsehung oder Gott selber. Umgekehrt „wird ein Schuh daraus": Wir - wir Menschen - jagen die Erde mit allem, was darauf ist und lebt, auf den Abgrund zu. Seit die ersten Menschen der Versuchung nicht widerstehen konnten ist das so - seit die ersten Menschen meinten, sie brauchten Gott nicht, sie könnten selber werden, selber sein wie Gott - von niemandem abhängig und daher auch niemandem verantwortlich außer sich selbst. „Sündenfall" - weil der Mensch herausfällt aus der Verbindung mit Gott. Und aus diesem Fall wird der anscheinend unaufhaltsame Sturz in den Abgrund der Vernichtung, der Dunkelheit, der Leere, des Todes.

„Wie kann Gott das zulassen?!" - das bekommt einen ganz anderen Klang auf diesem Hintergrund: Wie kann Gott den Menschen weiter am Leben erhalten trotz alledem?. Wie kann er verhindern wollen, dass wir in den Abgrund stürzen? Wie kann der Mann am Kreuz sagen „Vater, vergib ihnen, denn sie wissen nicht was sie tun."?

Wenn es Grund und Anlass zum Zweifeln gibt, dann sicher hier - angesichts des Gerichts Gottes, das nichts übersieht und streng die Sünde beim Namen nennt – und trotzdem nichts ist als Gnade. Und wir: Gerichtet aber nicht verurteilt.

Herr, sieh wohin wir gehn - und erbarme dich unser. Kyrie eleison

Auf Jesu Schulter lastete das Kreuz, das Fluchholz - wir sahen ihn gehen zu seiner Hinrichtung, wir sahen ihn leiden und wir sahen ihn sterben am Baum des Todes. Nun ist er begraben - und für die Seinen sind begraben auch alle ihre Hoffnungen, die sie auf ihn setzten, all ihre Sehnsucht. Nichts ist ihnen geblieben als Trauer und Verzweiflung - das letzte Wort hat der Tod - und sein Zeichen ist das Kreuz, der Baum des Todes.

Seit alters wird das Kreuz Jesu Christi immer wieder so dargestellt, dass es Blätter treibt, Äste und Zweige hervorbringt, Blüten trägt und Früchte - als Baum des Lebens.

„Es ist vollbracht" heißt eben nicht: Alles ist zu ende. Wir wissen und bekennen: Der Gekreuzigte ist der Auferstandene. Gott hat ihn nicht im Tode gelassen. Karfreitag ist gewesen und Ostern wird sein. Die Finsternis, die über die Welt gekommen ist wird dem Licht Gottes weichen.

Das Beben, das die Welt erschüttert ordnet sie zugleich neu - was wir Leben nennen geht auf den Tod zu - aber Gott ruft aus den Toten und schenkt das wirkliche, das wahre Leben.

Kyrie eleison - Herr, erbarme dich unser. Sieh wohin wir gehn. Ruf uns aus den Toten, laß uns auferstehn.

Gemeinde singt: EG 97, 6

Osternacht Taufansprache

Wir gehen einen Weg mit Jesus Christus - besser noch: Wir gehen seinen Weg mit. Den Weg, den wir in der Zeit der Passion bis hin zum Karfreitag verfolgt haben - den Weg, der in die Dunkelheit der Lebensfeindlichkeit führt, wo Hass herrscht und Gewalt, Angst und Einsamkeit, Trauer und Verzweiflung - den Weg in den Tod.
„... mit ihm begraben durch die Taufe in den Tod", so schreibt Paulus.
Wasser, wie wir es für die Taufe benutzen, steht eben auch für die Bedrohung des Lebens, ist auch lebensfeindlich, kann tödlich sein.
In der Alten Kirche - und auch heute noch in manchen christlichen Gemeinschaften - wurden die Menschen bei der Taufe ganz und gar in das Wasser eingetaucht. Sehr viel deutlicher wurde und wird da, dass wir in der Taufe Christus in den Tod folgen.
Aber, so wie die Täuflinge aus dem Wasser herausgehoben wurden, so, sagt der Apostel Paulus, so „werden wir ihm auch in der Auferstehung gleich sein".
Der Weg, den wir mit Jesus Christus gehen ist eben auch der Weg in diesen Ostermorgen, den wir heute feiern, in den Morgen der Auferstehung, die Morgendämmerung des Lebens, wo Freude ist und Liebe, Gemeinschaft mit anderen Menschen, Lebenskraft und Lebenslust...
Wenn Jesus Christus im Evangelium sagt: „Siehe, ich bin bei euch alle Tage bis an der Welt Ende", dann meint er damit, dass er uns mitnimmt auf den Weg, den er selber gegangen ist und dass wir auf unserem Weg durch das Leben und hin zum ewigen Leben nie ganz allein, nie ohne ihn sein werden - nicht mehr und nicht weniger.
Wie immer dieser Weg auch sein wird, in Glück und Unglück, in Freude und Leid, in Trauer und Trost, in Verzweiflung und Hoffnung: Er ist und bleibt bei uns und teilt alles mit uns, das Gute wie das Schlimme.
Ein altes Sprichwort sagt: „Geteiltes Leid ist halbes Leid, geteilte Freude ist doppelte Freude". Heute, jetzt in dieser Osternacht, ist es die Freude, die wir mit dem

auferstandenen Christus und miteinander teilen - es ist auch die Freude darüber, dass ihr jetzt getauft werdet, mit hineingenommen werdet in die Gemeinschaft derer, die ihren Weg mit Christus gehen und die wissen, dass er mit ihnen geht.

So sehr wir euch von Herzen nur das Beste wünschen für Euer Leben - wir wissen, dass kein Leben ohne Probleme, ohne Sorge, ohne Leid bleibt. Wir wünschen euch, dass ihr euch gerade dann an eure Taufe erinnert, an die Zusage Jesu Christi - dass ihr gerade dann seine Nähe spürt.

Wie das geschieht, das ist sicher ganz unterschiedlich. Christus hat viele Möglichkeiten, seine Nähe zu zeigen. Eine davon ist aber sicher die, dass er uns Menschen schickt, die uns lieben, die bei uns bleiben, die uns helfen und fördern, die uns nicht vergessen.

Wir wünschen euch solche Menschen heute und in Zukunft - und wir wünschen uns, dass wir als Gemeinde Jesu Christi je auf unsere Weise für euch, für einander solche Menschen sein dürfen.

Amen.

1. Osterfeiertag Markus 16, 1-8

Und das soll es sein, was Ostern ausmacht?

Das soll es sein, was die Auferweckung Jesu Christi bei Menschen bewirkt?

Zittern und Entsetzen und Sich-fürchten - fortgehen und fliehen? Und Schweigen? Das ist doch eher das, was wir Menschen tun oder zu tun wünschen angesichts des Todes! Jeder Tod stellt uns den eigenen Tod vor Augen - und wer könnte dem schon begegnen ohne Furcht und Zittern - der Tod geliebter Menschen bringt das Entsetzen mit sich vor einer Zukunft ohne sie oder ihn - fortgehen, fliehen, die Augen verschließen und die Herzen - viele wünschen sich, das zu können - und oft bleibt wirklich nur das Schweigen angesichts des Endes.

Und auch all die unzähligen Tode in unserer Welt in Krieg und Bürgerkrieg, durch Hunger und Katastrophen, durch Folter und Unterdrückung machen mich sprachlos und hilflos.

Fortgegangen, geflohen sind die auch Freunde Jesu - schon als er gefangengenommen wurde. Entsetzen hatte sie gepackt über das grausame Schicksal der Kreuzigung und Furcht vor dem, was sie selber vielleicht erwartete - geschwiegen hatten sie zu den Vorwürfen der Richter und zu dem Spott der Menge.

Es gehört schon eine Menge dazu, zu seinem Grab zu gehen an jenem Ostermorgen, viel Überwindung, den letzten Liebesdienst erweisen zu wollen - ihn noch einmal zu sehen, zu berühren und ihn zurückzulassen im Grab.

Ich stelle mir vor, dass das Entsetzen auch die Frauen auf ihrem Weg sprachlos gemacht hat, dass die Furcht ihnen den Mund verschließt, dass ihre Stimme zittert als sie die einzigen Worte hervorbringen, zu denen sie fähig sind: "Wer wälzt uns den Stein von des Grabes Tür?" - eine Antwort jedenfalls haben sie nicht. Sie selber können ihn nicht fortwälzen, "denn er war sehr groß".

"Sehr groß" ist der Stein, der auf unserer Welt lastet, der die Gräber all der Opfer verschließt, der uns auf dem Herzen liegt.

"Wer wälzt uns den Stein von des Grabes Tür?"

Viele Menschen fragen so angesichts all der Tode in der Welt: Wer nimmt die Stein von den Gräbern unserer Welt und gibt Leben - wer wälzt den Stein von unseren Herzen und gibt Hoffnung - und viele kennen so wenig eine Antwort darauf, wie die Frauen, die da durch das Morgengrauen gehen. Wir Menschen selber vermögen es augenscheinlich nicht - kein guter Wille und kein Plan, keine Reform und keine Revolution, kein Fortschritt und keine Wissenschaft, kein Angebot zur Selbsterlösung in all den religiösen und weltanschaulichen Gruppen vermag es (Ich erinnere mich an ein schreckliches Beispiel für die Sinnlosigkeit dieses Glaubens: Der selbstgewählte Tod von 39 Menschen in den USA damals, als das geglaubte UFO eben nicht kam und sie fortbrachte aus der Welt, aus dem Grab, aus dem Tod - kein selbsternannter Messias hat sie gerettet - der "Stein auf dem Grab Welt" ist nur noch schwerer geworden!).

Als die Tränen in ihren Augen es zulassen, sehen die Frauen am Ostermorgen den großen Stein fortgewälzt von des Grabes Tür, sehen das Grab offen, und erschrecken aufs Neue, fürchten erst recht, dass nun auch hier etwas nicht mit rechten Dingen zugegangen ist.

Ich stelle mir vor, wie sie sich aneinander klammern und eine die andere stützt und mitzieht in das Grab hinein - nur um dort erneut zu erschrecken: Nicht den Leichnam Jesu sehen sie liegen, wie sie es erwartet hatten und kein leeres Grab finden sie vor, wie sie es vielleicht befürchten:

Jemand sitzt dort und bricht das Schweigen, damit sie verstehen, was geschehen ist:

Der Stein ist fort, und der Gekreuzigte lebt - er ist nicht dort, wo ihr ihn sucht - da könnt ihr ihn nicht sehen; ihr findet ihn in Galiläa und dort wird er sich euch zeigen - so wie er es gesagt hat.

Das offene, das "leere" Grab es "spricht nicht für sich selbst" - Gott bricht sein Schweigen und spricht zu den Frauen durch seinen Boten, damit sie die Möglichkeit bekommen zu verstehen.

Mehr ist es zunächst eben nicht als diese Möglichkeit - mehr ist es eben zunächst nicht, als die Chance das Unerwartete anzunehmen, das Unvorstellbare zu akzeptieren, das Unverständliche zu begreifen. Mehr nicht.

Darum verlassen sie das Grab, darum fliehen sie, darum zittern sie vor Entsetzen und darum schweigen sie.

Denn hier ist nicht etwas geschehen, was sich etwa folgerichtig entwickelt hätte aus dem vorhergehenden Geschehen - hier gibt es nicht ein lang erwartetes Happy End nach einer schlimmen Geschichte - hier verwirklichen sich nicht Träume von der Allmacht des Menschen oder vom Sieg des Lebens - hier beherrscht auch nicht religiöser Wahn einiger hysterischer Frauen - hier gibt es keine kollektive Selbstsuggestion - wie gern hätten sie den Mund aufgetan, wenn es um irgendetwas dergleichen gegangen wäre, wie hätten sie es jedem erzählt, wie hätten sie gebebt vor religiöser Ergriffenheit, wie schnell wären sie gelaufen um die ersehnte Botschaft zu überbringen - wie hätten sie sich eingerichtet im Grab und darum herum, um all die Pilger zu betreuen, die den Ort des Wunders aufsuchen würden, wie hätte der Devotionalienhandel geblüht ...

Aber nichts dergleichen geschieht.

Es geschieht das, was geschehen muss, wenn Gott selber in seinem Handeln dem Menschen begegnet - es geschieht das, was geschehen muss, wenn der allmächtige Gott tut, was niemand erwartet:

Den Stein vom Grab nimmt und dem Gekreuzigten neues Leben schenkt: Entsetzen vor dem "ganz Anderen" - Furcht angesichts der Allmacht - Sprachlosigkeit angesichts dessen, der sich nicht in Worte fassen lässt.

Daran erinnert uns - gerade am Osterfest ist das nötig - daran erinnert uns das, was der Evangelist von den Frauen berichtet - das, womit das Markusevangelium wohl ursprünglich schloss - weil wir doch im Grunde genauso sprachlos vor diesem Wunder stehen wie sie - und, weil wir wie sie die Botschaft brauchen, die uns erklärt, was geschehen ist.

Markus hat es natürlich gewusst wie wir: Die Frauen haben ihr Entsetzen überwunden, sie haben die Furcht abgelegt, sie haben ihr Schweigen gebrochen, sie haben ihren Auftrag erledigt, sie haben sich dem Unverständnis und dem Spott ausgesetzt und gesagt, was zu sagen war - und andere haben es weitergesagt bis heute - so wie Paulus in der Epistel schreibt: ""Als erstes habe ich euch weitergegeben, was auch ich empfangen habe:

Dass Christus gestorben ist für unsere Sünde nach der Schrift; und dass er begraben worden ist; und dass er auferstanden ist am dritten Tage nach der Schrift; und dass er gesehen worden ist..."

Gott hat den Stein vom Grab genommen und dem Gekreuzigten neues Leben gegeben - er wird auch den Stein von unserer Welt und von unseren Herzen nehmen und das Leben neu machen - er allein.

Das macht Ostern aus. Das predigen wir und das glauben wir. Amen

Zweiter Osterfeiertag Lukas 24, 13 - 31

Wenn ich zu einem Grab gehen - was erwarte ich? Wenn ich von einer Beerdigung nach Hause komme - worauf bin ich eingestellt? Wenn mein Herz voll Trauer und meine Augen voll Tränen sind - womit sind meine Gedanken beschäftigt und meine Gefühle und worauf hoffe ich?

Ein leeres Grab jedenfalls erwarte ich sicher nicht - auch heute nicht, da ich das Fest der Auferstehung feiere; und sollte es doch so geschehen, so würde mich das sicher mehr erschrecken als erfreuen, mich eher schweigen lassen als in Loblieder auszubrechen - so wie es den Frauen erging, von denen das Evangelium des gestrigen Tages erzählt.

Alles mag ich erwarten nach dem Abschied von einem geachteten, geliebten Menschen, bei dessen Tod ich Zeuge war und bei dessen Begräbnis ich dabei war - nur nicht, dass er mir auf meinem Weg begegnet, mich anspricht, mit mir geht, mit mir redet - auch heute nicht am Fest der Auferstehung.

Trauer lässt mich in die Vergangenheit blicken, lässt mich das Leben dessen bedenken, der nicht mehr bei mir ist, nicht aber seine Gegenwart und Zukunft.

So haben die beiden Jünger miteinander geredet: „Weißt du noch, damals...? Erinnerst du dich noch...? Und, wie er starb... und die Qualen ... und die Erlösung!?"

So haben sie miteinander geredet „von all diesen Geschichten", die mir so nahe sind – so wie ich es wohl auch tue. Wenn dann jemand dazukommt, zu einem solchen Gespräch voll Erinnerungen und Trauer, dann stört mich das wohl eher. Wenn er sich gar einmischt in das Gespräch, Fragen stellt, dann wird er sich die fast ärgerliche Gegenfrage gefallen lassen müssen: „Siehst du nicht, dass wir trauern, merkst du nicht, dass du störst, weißt du denn nicht, was uns bewegt?" - so fragen auch die Jünger den Fremden auf ihrem Weg.

Vielleicht, wenn ich wirklich Anteilnahem spüren würd und nicht nur neugieriges Desinteresse, vielleicht würde ich dann zu erzählen beginnen, auch einem Fremden;

so wie die beiden es tun, von der Vergangenheit mit alle ihren Erwartungen und von meiner Gegenwart mit aller Hoffnungslosigkeit.

Ob ich es wagen würde von meiner Hoffnung angesichts des Todes zu sprechen, von meiner Hoffnung auf Leben trotz Tod, von meiner Hoffnung auf Auferstehung, neues Leben bei Gott? Ich weiß es nicht; aber ich weiß, wenn ich es täte - dann so zögerlich, so unsicher, so verwirrt wie die beiden Jünger es tun.

Wenn ich dann doch nur das Glück hätte, jemandem zu begegnen, der meine Trauer akzeptiert, der mich versteht in meiner Unsicherheit - so jedenfalls versteht, dass er mir deutlich sagen mag: „Wie bist du doch blind; wie bist du vor Trauer doch so uneinsichtig, wie verschleiern dir deine Tränen den Blick auf das Wesentliche!"

Wenn ich doch das Glück hätte, dass dann jemand mich erinnert: „Hast du nicht gelesen in der Heiligen Schrift, nicht zugehört in den Gottesdiensten, nichts behalten von dem, was dir gesagt ist?"

Wie die beiden würde ich dann den, der mir die Augen zu öffnen vermag, gern bei mir behalten wollen: „Bleib bei mir, es wird Abend werden" - auch im übertragenen Sinn - „es wird wieder dunkel in mir werden, wenn du nicht bleibst, finster, wenn du nicht verweilst...".

Die Jünger erkennen Jesus nicht an dem, was er sagt, sondern an dem, was er tut - an der ihnen so vertrauten Art und Weise wie er das Brot bricht. So hat er es gemacht als Viele satt wurden von dem anscheinend so Wenigen - so hat er es getan am Abend vor seinem Tod - nicht anders als er es wohl oft getan hat in ihrem Kreis. Sie erinnern sich, sie erkennen ihn an dieser kleinen Geste - am Tischgebet, am Teilen dessen, was Menschen zum Leben brauchen.

Was ihnen vorher die Augen trübte, war die Trauer, die Trauer, die letztlich doch immer nur mit dem rechnet, was man immer schon gewusst hat: Mit dem Tod, mit dem Ende des Lebens, mit dem Abschied; die Trauer, die uns nicht hinausblicken lässt über den Rahmen bisheriger Erfahrung, über die Grenzen scheinbar gesicherten Wissens, über die Mauern der Vorurteile.

Karfreitag: Das ist in meinen Augen zunächst einmal die Bestätigung dessen, was ich immer schon weiß: Dass der Tod siegt und die, die sich mit ihm verbündet haben; dass der Hass siegt und die, die von ihm besessen sind; dass die Welt eben so ist, voll Feindschaft und Ungerechtigkeit und Lieblosigkeit und Leblosigkeit.

Karfreitag: Das ist für mich zunächst die Bestätigung dessen, was die Erfahrung lehrt: Dass die Guten nicht siegen; dass die, die die Welt besser machen wollen, unterliegen; dass die, die Liebe predigen, nicht geliebt werden; dass denen, die helfen wollen, anscheinend nicht zu helfen ist...

Ostern: Ich wünsche mir immer wieder, dass Ostern die Erfahrung bringt, die alle meine vorherigen Erfahrungen wertlos macht - möglichst ohne Zögern, auf der Stelle, sofort, unmittelbar.

Das, was die zwei Jünger erleben zeigt mir aber - genauso wie das, was den Frauen widerfährt und den anderen Jüngern - dass es so nicht sein wird.

Der Weg zum Glauben an Gottes lebensschaffende und lebenserhaltenden Macht ist ein weiter Weg - weiter als die zwei Stunden von Jerusalem nach Emmaus - ein Weg ohne Abkürzungen - eher schon mit Umwegen. Es ist ein Weg, den ich nicht allein gehen kann, nur zusammen mit anderen, die mit mir auf dem Weg sind, die mich begleiten oder mich mitnehmen, die mit mir reden - auch mit mir trauern.

Auf diesem Weg, so kann ich, so darf ich hoffen - auf diesem Weg wird mir Jesus, der Lebendige begegne. Wahrscheinlich ist er mir schon längst begegnet und ich habe ihn vielleicht nur noch nicht erkannt, wie die Jünger damals. Ich werde mich erinnern an das, was ich gelesen, gehört und selbst gesagt habe - und Christus selber wird mir helfen, es wirklich zu verstehen. Ich werde Menschen treffen auf meinem Weg, Menschen, in denen er mir nahe ist, vielleicht ohne dass ich es schon weiß. Aber vielleicht spüre ich: Dieser Mensch sollte bei mir bleiben, mir verbunden bleiben, weil er mir hilft, nicht wieder das Leben zu vergessen und den Tod Macht über mich gewinnen zu lassen.

Ich hoffe, dass er sich mir zu erkennen gibt - in meinem Alltag - wenn er sich mir mitteilt, vielleicht da, wo Menschen mit mir teilen: Brot, Erkenntnis, Freude, Liebe Glauben. Darum brechen wir einander das Brot, wenn wir mit einander und mit dem Auferstandenen das Abendmahl feiern.

Vierter Sonntag nach Ostern (Kantate) Psalm 98

"Singet dem Herrn ein neues Lied..." wenn das doch endlich wahr würde, so meinen manche: Wenn wir endlich aufhören würden die Lieder zu singen, die schon seit Jahrzehnten kaum noch jemand versteht - mit Anmerkungen versehen, damit man wenigstens nachlesen kann, was die Worte bedeuten, die man singen soll - Melodien, die immer unvertrauter werden, weil sie so gar nichts mehr mit denen zu tun haben, die wir Tag für Tag hören - fast schon überall..... Das neue Gesangbuch schon beim Erscheinen vor Jahren längst wieder überholt.

"Singet dem Herrn ein neues Lied..." Bloß das nicht!" - so andere. Immer diese neuen Lieder - wie oft habe ich das gehört - auch wenn es manchmal ein Lied war aus der Zeit noch vor der Reformation - es war eben nicht bekannt, nicht vertraut, nicht eingesungen.

Und die wirklich neuen Lieder? Viele Fachleute winken ab: Die halten musikalisch den Vergleich nicht aus - das ist nur Anpassung an den Zeitgeschmack - kaum gelernt, schon vergessen - so wie es ja nichts älteres gibt als den neuesten Hit von gestern......

Und: Ist es denn nicht letztlich doch immer das alte Lied, 2.000 Jahre alt eben, von vorgestern, unmodern, unzeitgemäß, nicht aktuell.

Ja, das ist es wohl: Das alte Lied, das von den Wundern erzählt, die Gott tut, von dem Heil, das er schafft; von dem Heil, das er kundwerden lässt allen Völkern überall auf der Welt zu allen Zeiten und das von seiner Gerechtigkeit singt, von der Gerechtigkeit, die die Liebe siegen lässt über das Gesetz, die Gnade über das verdiente Urteil, die Barmherzigkeit über die verwirkte Strafe.

"Singet dem Herrn ein neues Lied, denn er tut Wunder" - keine andere Begründung gibt es dafür heute wie zur Zeit, als ein Unbekannter aus Gottes ersterwähltem Volk diesen Psalm dichtete. Er dachte an die Wunder die an den Vätern tat und in Ägypten, in der Wüste und im versprochenen Land - an das, was sein Volk zum Staunen brachte, zum Sich-Wundern.... Aber er war sich sicher: Das, was für uns gilt,

für das Volk Israel, das ist allen Völkern versprochen.
Alle werden das Staunen lernen über das Wunderbare, das Gott tut, alle werden sich wundern über Gottes große Taten - ja, es wird eine Zeit geben, in der "alle Welt" in das Loblied Gottes einstimmen wird - die ganze Schöpfung - sogar das, was wir für unbelebt halten: Nicht nur die Tiere des Meeres, sondern die großen Wasser dieser Welt selbst - obwohl wir Menschen sie verschmutzt und ausgebeutet haben; die Ströme und Flüsse und Bäche - obwohl wir Menschen sie vergiftet und verseucht haben - die Berge, obwohl wir Menschen sie abgeholzt und abgetragen haben - in der Zukunft, die Gott mit seiner Welt und seinen Menschen noch hat - damals wie heute.
Wir singen das alte Lied von den Wundern Gottes in neuer Weise - nicht von den Vätern im Glauben zuerst, nicht von der Befreiung aus der Gewalt eines Volkes, nicht von Wüstenwanderung und Landnahme - zuallererst von dem großen Wunder Gottes in Jesus Christus. Nicht von dem Heil, das seine gewaltige - und wie das Alte Testament beschreibt - auch gewalttätige Rechte schafft - sondern immer und immer wieder von dem Heil, das er für alle geschaffen hat durch den, der zu seiner Rechten sitzt - wie wir bekennen. Nicht von der in den Geboten und Vorschriften des alten Bundes niedergelegten und von Gott geforderten Gerechtigkeit, sondern eben von der, mit der er uns gerecht spricht und gerecht macht in Jesus Christus.
"Jauchzt dem Herrn alle Welt, singet, rühmet und lobet! Lobet den Herrn mit Harfen, mit Harfen und Saitenspiel. Mit Trompeten und Posaunen, jauchzet vor dem Herrn, dem König!"
Vieles von dem, was Gottes Wunder ausmacht, lässt sich nur sehr schwer sagen mit dürren Worten, noch weniger erklären mit noch so richtigen Gedanken und Wendungen; vieles entzieht sich nüchterner Betrachtung, wissenschaftlicher Analyse und auch jeder Redekunst - wohl auch dem Können jedes Predigers.
Der Psalmist hat das gewusst, geahnt: Im Lied, in der Musik mit und ohne Worte - da lässt sich das Unsagbare viel leichter sagen und das unbegreifliche leichter fassen. Die Reformation - so weiß man es - die Reformation ist mit ihren Erkenntnissen und

Gedanken vor allem durch das Lied zu den Menschen gekommen. Auf diese Weise haben sie es verstanden - und zwar nicht nur mit dem Verstand sondern auch mit dem Herzen, so ist es ihnen zu Herzen gegangen - das alte Lied von den Wundern Gottes neu entdeckt.

Wir brauchen - glaube ich - nicht mutloser zu sein als der Psalmist und nicht mit weniger Hoffnung.

Das, was er von Gottes Zukunft singt, das dürfen wir auch singen - das dürfen wir erst recht singen: Alle Welt wird sich freuen über Jesus Christus, wenn er kommt, den Erdkreis zu richten - mit Gerechtigkeit und Recht und mit seiner unendlichen Liebe - nicht nur all das Unrecht, das Menschen einander antun - auch das, das wir Menschen unseren Mitgeschöpfen und unserer Mitwelt antun, wird einbezogen sein in seine Gerechtigkeit und seine Liebe.

Ja, und dann wird das alte Lied wirklich neu erklingen - neu und "unerhört" im Brausen der Meere und im Lied der Flüsse und der Berge...

Bis dahin werden wir uns begnügen müssen mit dem, was wir zustande bringen:

Alte Lieder - Neue Lieder; von hoher Qualität oder schlichter Einfachheit;

Lieder die bleiben bis zu jenem Tage oder Lieder, die schnell vergessen werden.

Wenn sie denn nur das tun: Das alte und immer wieder neue Lied von der Liebe Gottes zu singen.

Fünfter Sonntag nach Ostern (Rogate) Matthäus 6, 7 -13

„Not lehrt beten", so sagt man - mit sehr unterschiedlichen Untertönen:
„Not lehrt beten", damit meinen die einen: Wenn du in Not bist, wenn du nicht mehr weiterweißt, dann, ja dann greifst du zum Gebet als letzter Möglichkeit, letztem Ausweg - aber sonst?
Andere meinen damit: In der Not ist der Mensch zu allem fähig - sogar zu so etwas Sinnlosem wie dem Beten - ist ja doch keiner da, der es hört.
Wieder andere: Es wäre ganz gut, wenn wieder einmal eine Not käme, die den Menschen das Beten neu lehrt.
„Not lehrt beten", es gibt auch Menschen, die daran sozusagen ein ganz großes Fragezeichen setzen, weil sie es bei sich selbst oder Nahestehenden erlebt haben, dass Not den Menschen auch verstummen lassen kann; und dann verstummt auch das Gebet in der Sprachlosigkeit der Not.
Wie auch immer: Es ist eine Not unserer Zeit, dass das Gebet so weitgehend verstummt ist, dass ich Menschen kenne, die wohl kaum je in ihrem Leben eine Gebet gesprochen haben - vielleicht einmal in der Kirche - aber nie für sich - vielleicht einmal eines der vorformulierten Gebete - aber nie ein persönliches, eigenes.
Ich kenne Menschen, die gern beten würden, und es doch nicht können, weil sie die eigenen Worte nicht finden und die überlieferten für sie ihre Kraft verloren haben.
Ich habe auch meine Schwierigkeiten mit dem Beten: Manchmal fehlen mir die Worte, manchmal der Wille, manchmal frage ich dem Sinn - wo doch so viele Gebete ungehört zu verhallen scheinen. Ja, manchmal mag ich auch nicht sozusagen „von Amts wegen" beten - also nur, weil es von mir verlangt wird und mein Beruf es mit sich bringt.
„Not lehrt beten", wenn das schwergewordene, das verlorengegangene Beten eine Not ist, gilt das dann auch?
Ich jedenfalls möchte Beten neu lernen. Der heutige Sonntag mit seinem Namen

„Rogate", d.h. „betet" ist doch ein Anlass dazu. Und dieser Anlass hilft mir wohl deswegen, weil ich dann das „Beten-Lernen" nicht als eigene Leistung erwarten muss, auch nicht als etwas, was mir Mitmenschen beibringen, sondern weil Jesus Christus selber es mich lehren will.

Wir haben es gelesen: Er hat seinen Freunden ein Beispiel gegeben, ein Beispiel, an dem sie lernen sollten, was Beten heißt, und an dem auch ich lernen kann, wie Beten „richtig geht".

„Vater unser im Himmel!" - ich lerne, dass ich zu Gott sprechen darf wie zu einem Nahestehenden, liebenden und geliebten Menschen - wie zu dem, der mein Leben ermöglicht hat und es erhielt, der mich fördert und mein Bestes will - eben wie zu einem Vater, zu einem guten Vater.

Ich erkenne an dieser Anrede auch, dass ich nicht allein bin - auch dann nicht wenn ich allein „im stillen Kämmerlein" bete. Es ist nicht einfach mein, sondern unser Vater. Das schließt mich zusammen mit Jesus Christus und mit allen, die u ihm beten. So unendlich viele sind es gewesen vor mir, so viele mit mir und so viele werden es nach mir sein. Ich bin also auch kein merkwürdiger Einzelfall, sondern einer von ganz, ganz Vielen.

„Im Himmel" - der Gott, zu dem ich rede, geht also nicht auf in dieser Welt, nicht in meinem Leben hier. Er ist mehr als ich ermessen kann - und er ist überall und hört mich.

„Dein Name werde geheiligt!" Jedes Gebet ist ein Ausdruck der Verehrung, jedes Gebet, ob es nun Dank ist oder Bitte, Klage oder sogar Anklage (all das enthält das „Gebetbuch" der Bibel, das Buch der Psalmen) - nichts könnte ihn „entehren" oder „entheiligen".

„Dein Reich komme!" Ich darf darum bitten, dass er selbst in diese Welt kommt, um sie zu verändern, sie zu wieder dem zu machen, was er sich bei der Schöpfung gedacht hatte, bevor der Mensch sie entstellte. Dieses Gebet kann mir Kraft geben, in dieser Welt zu erkennen dass sein Reich schon da ist. Dies Gebet kann mir Möglichkeiten eröffnen, zu entdecken, wo ich helfen und heilen, fördern und nützen kann, damit diese Welt schöner, lebenswerter, liebenswerten wird - vielleicht nur für einen Menschen in meiner Nähe... Aber ich entdecke dann auch wieder neu, dass die Zukunft der Welt und das Heil des Menschen eben nicht von mir und meinem Tun abhängt.

„Unser tägliches Brot gib uns heute." Ich darf um alles bitten, auch um das einfache, schlichte, das fast selbstverständlich erscheinende, die tägliche Nahrung - leiblich wie seelisch - Brot zum Essen und Brot zum Leben ...

„Und vergib uns unsere Schuld, wie auch wir vergeben unseren Schuldigern". Ich kann Gott bitten um die Vergebung, die ich so nötig brauche, Vergebung für all das, was ich versäume und falsch mache, unterlasse und zu viel tue. Das Gebet kann mir die Kraft geben, auch meine Mitmenschen um Vergebung zu bitte - und meinerseits zu verzeihe.

„Und führe uns nicht in Versuchung, sondern erlöse uns von dem Bösen". Ich kann erkennen, wo für mich die Versuchung da ist - die Versuchung, das zu tun, was nicht recht ist und das zu unterlassen, was nötig wäre; die Versuchung, die mich zu entwas veranlassen, ja geradezu zwingen will, was ich eigentlich nicht tun will: Das eigene Ich mit seinem Egoismus oder die angeblichen Sachzwänge oder was auch immer. Das Gebet hilft mir, mich aus solchen Zwängen zu lösen, ob sie nun um mich herum sind oder in mir selber.

Eine Bitte des Vaterunseres habe ich „übersprungen" - weil das Wichtigste immer am Schluss kommen soll: „Dein Wille geschehe wie im Himmel, so auch auf Erden".

Auf alle Fälle zunächst einmal bei mir selber, damit ich lerne, dass es nicht um mein Wollen geht. Obwohl ich das eigentlich ja gar nicht lernen muss, denn das erlebe ich doch ständig. Aber es geht darum, dass ich erkenne, dass ich Gott nicht zwingen kann, meinen Willen zu tun - dass niemand das kann und dass auch der Wille der Mächtigen in dieser Welt dazu nicht ausreicht. „Nicht mein, sondern dein Wille geschehe", so hat Jesus im Garten Gethsemane gebetet, als er darum bat, der Kelch des Leidens möge ihm erspart bleiben. Wie gut für uns alle, dass er so gebetet und Gott so gehandelt hat!

„Denn dein ist das Reich und die Kraft und die Herrlichkeit in Ewigkeit. Amen!"

Konfirmation 5. Mose 30, 11-20a

Wieder einmal ist Wahl. Die Wahllokale sind geschlossen, die Auszählung der Stimmen beginnt. Manche der Stimmzettel sind ungültig - vor allem die, auf die irgendetwas geschrieben ist - die werden gleich aussortiert. Aber einmal stutzt der Wahlhelfer, sieht genau hin - da hat einer auf Wahlzettel geschrieben: Jesaja 41, Vers 24; na ja, so aus dem Kopf weiß natürlich keiner, was da steht. Wie gut, dass der Pastor gleich gegenüber wohnt - schnell geht jemand 'rüber, lässt sich eine Bibel geben; man blättert. "Los doch, was steht denn da nun?" "Da steht: 'Siehe, ihr seid nichts, und euer Tun ist auch nichts, und euch erwählen ist ein Greuel!'"

Die Angehörigen des Wahlvorstands wissen nicht recht, ob sie lachen oder sich ärgern sollen. Denn, wenn das wirklich die Ansicht des Wählers sein sollte - das wäre doch eigentlich schlimm: das hieße doch nicht nur: Denen, die da zur Wahl stehen, traue ich nichts zu - das hieße doch auch: Das ganze Wählen nützt nichts - und letztlich bedeutete es sogar: Wir haben ja doch keine Wahl...

Haben wir denn überhaupt eine Wahl? Nicht nur in der Politik, auch, wenn es um unser Leben geht, um Gegenwart und Zukunft, um Ziele, die wir uns setzen, Plane die wir machen, Wünsche, die uns begleiten? Haben wir überhaupt eine Wahl?

Ist nicht - wie die einen sagen - sowieso alles festgelegt und vorbestimmt: Durch das, was unsere Eltern uns vererbt haben an Fähigkeiten und Fehlern, an Möglichkeiten und Grenzen - durch das, was die Gesellschaft, in der wir leben, uns an Chancen bietet und an Möglichkeiten versperrt - durch die gesellschaftliche Gruppe oder Schicht, der wir angehören; durch die Schule, die wir besuchen dürfen oder müssen. Und um wie viel mehr mag das für die Menschen gelten, die in anderen Teilen unserer Welt geboren sind und aufgewachsen - in den Hungerländern der sogenannten 3. Welt, in den Kriegs- und Bürgerkriegsgebieten . Haben wir denn überhaupt eine Wahl - auch dann, wenn es darum geht, nach welchen Maßstäben wir
leben wollen, was uns wichtig sein soll im Leben. Da sind wir - so sagt man - doch

auch geprägt durch das, was in unserer Umgebung als wichtig und wertvoll gilt - da haben wir die Maßstäbe doch auch schon irgendwie mit "in die Wiege gelegt bekommen" - ja, ist nicht selbst die Tatsache, dass wir heute hier zusammen in einem christlichen Gottesdienst sind - dass ihr konfirmiert werden sollt - ist nicht selbst das Schicksal oder Fügung oder wie immer man das nennen will - und nicht eigentlich "Wahl" ...? Es mag wirklich oft so aussehen im Leben, als hätten wir die Wahl nicht - trotzdem, trotz allem gibt es sie, die eine, entscheidende Wahl für den Menschen. Wir haben von dieser einen entscheidenden Wahl gehört, so wie sie sich für das Volk Israel darstellte - damals, nach dem Auszug aus Ägypten - in der Wüste, in der es sich verirrt hatte - damals, als viele meinten: Eigentlich ist doch alles, was wir getan haben und versuchen sinnlos. Wären wir doch besser in Ägypten geblieben; hätten wir uns nicht eingelassen auf das Experiment, wären wir geblieben bei dem, was uns bestimmt zu sein schien - wir haben ja doch keine Wahl - und wenn wir auch Unfreie, Sklaven geblieben wären - selbst wenn der Tod unserem ganzen Volk sicher gewesen wäre ... Da hat ihnen Mose gesagt: "Ihr habt die Wahl - die eine entscheidende Wahl: Für oder gegen Gott - für das Gute und gegen das Böse - für seine Gebote oder für die anderer Götter - für seine Wege oder für die Wege derer, die euch verführen wollen - für das Leben oder für den Tod... Ihr habt die Wahl! Ich habe es euch vor Augen geführt - nun entscheidet, nun wählt; und ich bin nicht neutral, ich sage euch ganz deutlich, warum ich euch das alles gesagt habe: Damit ihr das Leben wählt und am Leben bleibt."

Vieles hat sich geändert und verändert in dieser langen Zeit zwischen den Tagen des Mose und heute. Ich glaube, eines hat sich jedenfalls nicht geändert: Und das ist der Gott, von dem Mose hier spricht und für den er sozusagen Wahlwerbung macht: Damals wie heute will er, dass wir Menschen uns für das Leben entscheiden - für unser eigenes Leben: Dass wir so leben, dass wir vor ihm und vor uns selbst bestehen können - dass wir nicht um des vermeintlichen Vorteils willen die Lebensmöglichkeiten unserer Mitmenschen einschränken - dass wir unser Leben nicht fortwerfen in "Null-Bock-Denken", dass wir nicht vor dem Leben fliehen in Drogen oder was immer uns Vergessen zu schenken scheint - dass wir nicht resignieren vor den Problemen der Welt, sondern unser Teil dazu tun, dass alles Leben erhalten bleibt und gefordert wird - es gibt so vieles in unserer Welt, für das wirklich das passt, was Jesaja da sagt: "Siehe, ihr seid nichts, und euer Tun ist auch nichts, und euch erwählen ist ein Greuel!"

Und beides ist - wie Mose sagt "nicht zu hoch und zu fern", "nicht im Himmel,... nicht jenseits des Meeres" - es ist, so sagt er, "ganz nahe bei dir" in unserem Alltag, da, wo wir leben - auch ihr Konfirmandinnen und Konfirmanden - wo ihr lebt mit denen, die euch nahestehen, wo ihr lebt mit Freunden und mit Fremden ...

Wir haben mit unseren bescheidenen Kräften versucht, euch auch etwas "vorzulegen" - wie Mose das nennt - von dem, wovon wir überzeugt sind, dass es gut ist - für euch und für alle Menschen - dass es das Leben schützt und fördert, die Menschen und die Welt lebenswerter und liebenswerter macht - wir haben versucht, euch "vorzulegen", wie nahe Gott uns allen ist - nahe in dem, der sein Leben schenkte, damit wir leben können. Wir haben das getan, damit auch ihr "das Leben erwählt und am Leben bleibt, ... indem ihr den Herrn, euren Gott, liebt und seiner Stimme gehorcht und ihm anhangt." Diese Wahl - und auch das ist das besondere an ihr - ist nicht beschränkt auf einen Zeitpunkt - auch nicht auf diesen Tag und diesen Gottesdienst - diese Wahl treffen wir eigentlich in jedem Augenblick unseres Lebens - und die Geschichte des Volkes Israel zeigt, dass Gott uns Menschen wirklich zu jedem Zeitpunkt die Wahl lässt, zu ihm und zum Leben "Ja" zu sagen.

"Siehe, er, Gott, ist alles, und sein Tun ist auch alles, und ihn erwählen ist das Leben!"

Amen

Christi Himmelfahrt 1. Könige 8, 22-29

König Salomo hat das vollendet, was seinem Vater David nicht erlaubt wurde: Er hat dem Herrn einen Tempel gebaut. Die Lade des Bundes - Thron des Allmächtigen - Zeichen der Gegenwart Gottes auf dem Weg ins gelobte Land, auf den Umwegen durch die Wüste - sie ist in das Allerheiligste des Tempels gebracht. Nicht mehr das „Zelt der Begegnung", die Stiftshütte, beweglich, sondern ortsungebunden ist der Platz des Gottesthrones. Einen festen Platz hat er auf dem Heiligen Berg Zion gefunden. Der Altar ist errichtet, Opfer in großer Zahl sind dem Herrn dargebracht worden. Und der König betet im Angesicht des ganzen versammelten Volkes - laut, so dass jeder es hören kann. Er preist Gott, den Unvergleichlichen; er dankt dem, der sich nicht zu schade war, einen Bund zu schließen mit einem kleinen Sklavenvolk; er dankt dem, der in seiner großen Barmherzigkeit die Schuld nicht zurechnet und seine Verheißung erfüllt trotz Tanz um das Goldene Kalb, trotz Davids Ungerechtigkeit...

Dann seine Bitte: Nachdem Gott seine große Verheißung dem Volk erfüllt hat, möge er auch die Verheißung an David und seine Nachkommen erfüllen: Dass immer ein Mittler sei zwischen Gott und seinem Volk - der König, der „vor ihm steht" für das Volk und über dem Volk thront - für den Herrn; eine Bitte, nicht ohne Eigennutz wie ich finde und doch zugleich zum Wohl aller.

Und dann etwas Überraschendes: Salomo stockt, betet nicht weiter. Was mag die Menschenmenge gedacht, gefühlt haben. Hat ihn die Größe des Augenblicks übermannt? Wo bleibt seine Weisheit, von der man schon Legenden erzählt...?

Weise ist er wirklich, der sprichwörtlich Weise - gerade hier zeigt es sich. Er lässt sich nicht mitreißen vom Ereignis, auch nicht von seinen eigenen Gefühlen und seiner eigenen Beredsamkeit. Seine Weisheit verordnet ihm eine Denkpause - und laut spricht er es aus, was er denkt, unterbricht das Gebet: „Aber sollte Gott wirklich auf Erden wohnen? Und er gibt selber die Antwort - überraschend, vielleicht sogar erschreckend für viele seines Volkes weiß er: Nichts kann Gott fassen, nicht der Himmel und aller

Himmel Himmel – wie viel weniger eine Bundeslade, ein Zelt, ein Haus, ein Tempel. Dürfen wir weiterdenken? Auch kein ein Bild kann den Herrn fassen, sei es nun ein gemaltes oder geschnitztes, oder eines, das Menschen sich nur in ihrer Fantasie machen... Und noch weiter: Kein Opfer kann ihn beeinflussen - kein Gebet wird seinen guten Willen verändern. "Sollte Gott wirklich auf Erden wohnen" - und die Antwort für Salomo kann nur heißen: Nein!

Ein weiser Mann, tatsächlich...

Und doch: Wir haben ihm etwas voraus, etwas weiß er nicht - kann er nicht wissen trotz all seiner Weisheit: Wir wissen, wir glauben und bekennen: Gott ist Mensch geworden und wohnte unter uns, und wir sahen seine Herrlichkeit...

Wir sahen seine Niedrigkeit in dem, was die Evangelien uns erzählen von Geburt und Leben, Leiden und Tod Jesu - wir sahen die Liebe Gottes in dem, was uns berichtet wird von dem, was er tat und sprach - ja, und seine Herrlichkeit in der Auferweckung vom Tode - die sahen wir auch - durch die Augen derer, die ihn sahen - durch die Augen der Frauen am Grab und des Petrus und der Apostel und des

Paulus - und vieler anderer.

"Sollte Gott wirklich auf Erden wohnen"- ja, er hat es getan´- und er, Jesus von Nazareth, dessen menschliche Abkunft die Evangelien auf David zurückführen, den manche seiner Zeit „Sohn Davids" nannten - er hat auch die Verheißung erfüllt, um deren Erfüllung Salomo bittet: „Nun, HERR, Gott Israels, halt deinem Knecht, meinem Vater David, was du ihm zugesagt hast: Es soll dir nicht fehlen an einem Mann, der vor mir steht, der da sitzt auf dem Thron Israels... „

„Jesus von Nazareth, der Juden König", so stand es an seinem Thron, am Kreuz. Er ist und bleibt für alle Zeit der einzige Mittler zwischen Gott und Mensch, zwischen dem Herrn und seinem Volk.

Ihn kann kein Haus halten, kein Tempel einschließen, keine Vorstellung fassen - und erst recht keine menschliche Macht manipulieren, handhaben, festhalten, einsperren - das haben seine Freunde erfahren am Tag der Himmelfahrt, an dem er sie verließ um

ganz bei ihnen zu sein und bei allen Menschen.
Kein König wird mehr gebraucht, kein Priester, der zwischen Gott und uns Menschen steht. Kein Tempel ist mehr nötig, kein Allerheiligstes mehr möglich.
Es gehen wohl auch deshalb viele Gemeinde heute mit ihren Gottesdiensten ins Freie, um das zum Ausdruck zu bringen - auch unsere Kirchen können, dürfen nicht zum Mittel werden, ihn, unseren Gott, einzuschließen.
Jesus Christus selbst lädt uns ein zum Gebet, zum Gespräch mit ihm und mit dem Vater; überall ist das möglich und jederzeit - natürlich - aber wir Menschen brauchen wohl den Ort, der uns daran erinnert - die Menschen, die mit uns beten - die Versammlung derer, die ihm vertrauen. Darum versammeln wir uns und bitten miteinander versammeln uns in der Kirche, unter dem Kreuz - dem Zeichen, dass Gott unter uns wohnt in seiner Niedrigkeit und seiner Herrlichkeit:
Weil der Mensch den Ort braucht, der ihn erinnert an die Allgegenwart Gottes, die Vorstellung von dem Unvorstellbaren, das Zeichen der Ehrfurcht und Verehrung, das Gespräch mit Gott in all seinen Formen, in Klage und Lob, in Bitte und Dank...
Lass deine Augen Nacht und Tag geöffnet sein über die Stätte, von der du gesagt hast: Mein Name soll dort sein, dass du hörst auf das Gebet, das dein Knecht zu dieser Stätte hin betet.
Amen.

1. Pfingstfeiertag Johannes 14, 26

„Ich bin begeistert" - in einer Zeit, in der es nicht reicht, dass etwas „gut" ist, in der Gutes mindestens „super" oder mehr sein muss, geht einem so eine Aussage schnell von den Lippen. Zu schnell vielleicht? Denn es geht dabei der eigentliche Sinn verloren: „Be-Geistert" - das heißt doch im Klartext: Etwas von außen, ein „Geist" eben - was immer das auch zunächst bedeutet - etwas von außen nimmt mich in Beschlag und setzt mich in Bewegung und reißt mich mit.

Vieles gibt es, was Menschen so „begeistern" kann: Die Spiele der Champions-League im Fußball lassen unzählige gebannt vor den Fernsehapparaten sitzen - manche kaum noch zugänglich für anderes. Und ich erinnere mich, dass es da Menschen gibt, die von einem Verein so „begeistert" sind, dass sie kein Spiel versäumen, mag es auch noch so viel kosten - an Geld, an Aufwand. „Schalke - das ist mein Leben" - hörte ich einmal jemanden sagen...

Und wer die Bilder noch im Auge hat, von den „Fußballbegeisterten" vor einiger Zeit, die sich Straßenschlachten lieferten bei denen mehrere verletzt wurde und zwei sogar ihr Leben lassen mussten - nicht die Einzigen im Laufe der Jahre (hoffentlich bleibt uns das in der nächsten Zeit erspart!) - wer das also noch in Erinnerung hat, der wird verstehen, dass es von „be-geistert" zu „be-sessen" offenbar nur ein kleiner Schritt ist und Bewegung umschlagen kann in Besinnungslosigkeit...

Anscheinend wirken auch die „begeisterten" Jünger so auf manche ihrer Zuhörer, die alle nicht so recht wissen, was sie von dem halten sollen, was sich da vor dem Tempel in Jerusalem abspielt: Die einen - Menschen „aus aller Herren Länder" - können nicht begreifen, warum sie alle verstehen, was da die schlichten Fischer und Handwerker aus Galiläa ihnen sagen; die anderen halten sie für „besessen" zumindest aber für betrunken, weil sie gar nichts verstehen können.

„Wohin soll das führen?", so fragen die einen - „Sie sind völlig betrunken!", so die anderen.

Ist das die Wirkung des Heiligen Geistes? Sollte das die Begeisterung sein, die wir Christen uns und unserer Kirche wünschen? Hauptsache Begeisterung - auch wenn kein anderer es begreift!? Hauptsache Bewegung, ganz gleich wohin es geht!? Hauptsache neuer Schwung, wohin das Pendel auch immer ausschlägt!?
Im Evangelium für den Pfingstsonntag überliefert der Evangelist Johannes (14, 26) ein Wort Jesu Christi an seine Jünger:
„Der Tröster, der heilige Geist, den mein Vater senden wird in meinem Namen, der wird euch alles lehren und euch an alles erinnern, was ich euch gesagt habe."
Darum also geht es, wenn der Heilige Geist wirkt - wie Petrus es ja auch seinen Zuhörern erklärt. Es geht um „lehren" und um „erinnern"
Es geht um die Erinnerung an Jesus Christus, an „alles, was er gesagt hat" - ich glaube nicht nur mit Worten, sondern auch mit seinen Taten. Es geht um die Erinnerung an seine Botschaft von der unendlichen Liebe seines Vaters zu allen seinen Schwestern und Brüdern - zu allen Menschen. Es geht auch um die Schuld des Menschen - nicht nur derer, die Christus tatsächlich verfolgt, verurteilt, gekreuzigt haben. Es geht um die Vergebung, die er am Kreuz für die erbittet, die ihn umbringen und für die, es zulassen. Es geht um das Heil des Menschen.
Und es geht darum, das alles „gelehrt" zu bekommen, d.h. es auch zu verstehen.
Gottes Geist, so zeigt die Pfingstgeschichte reißt Menschen mit, setzt sie in Bewegung - deswegen ist von dem gewaltigen Brausen die Rede, weil er die Jünger erfasst wie ein gewaltiger Wind. Gottes Geist lässt Menschen entflammen für Gott und füreinander - darum ist die Rede von den „Zungen zerteilt wie von Feuer".
Das, was Christus im Evangelium sagt, und das, was von Petrus in der Pfingstgeschichte berichtet wird, zeigt aber, dass nicht die Begeisterung an sich Sinn und Ziel ist:
Petrus redet deutlich und nüchtern - er „belehrt" die, die ihm zuhören unaufdringlich und schlicht - er erinnert, erinnert an das, was Profeten vorhersagten und an das, was geschehen ist: An Jesus Christus. Und das - erst das, so berichtet Lukas - „ging

ihnen durchs Herz, und sie sprachen zu Petrus und den anderen Aposteln: Ihr Männer, liebe Brüder, was sollen wir tun?"

Ach, wenn uns doch die Erinnerung an Jesus Christus auch so durchs Herz ginge, dass wir fragten: Was sollen **wir** tun?

Amen

2. Pfingstfeiertag Apostelgeschichte 2, 22+23.32+33. 36-39

Es ist schon recht lange her, aber ich erinnere mich genau: Bei der Einweihungsfeier eines Verwaltungsgebäudes, da stand ich zusammen mit einem katholischen Kollegen und einem der anderen Gäste. Der war offenkundig aktiv in der evangelischen Kirche. Der beklagte sich nun - übrigens nicht bei mir, sondern bei dem katholischen Kollegen darüber, dass die evangelischen Pastoren nicht mehr "mitreißend" - so sagte er - predigen könnten. Ich war doch etwas irritiert, dass er eigentlich gar nicht mit mir sprach - und darum habe ich geschwiegen - etwas, was ja nun recht selten vorkommt - habe meine leichte Verärgerung vergessen und nachgedacht: Darüber, dass er ja so unrecht vielleicht nicht hatte, auch darüber woran es denn liegen könne, dass unsere Rede nicht mehr "mitreißt" - und darüber wo und wie wir denn wohl lernen könnten, wie man das macht. Und da ist mir dann eigentlich ganz bald diese erste christliche Predigt eingefallen, die Predigt, die Petrus am allerersten Pfingstfest hielt - und die ja offensichtlich genau das war: Mitreißend, bewegend, in-Bewegung-setzend.

Dann habe ich sie noch einmal gelesen - und mich gewundert: Wenn jemand so eine Predigt zum Examen vorlegen würde, hätte er oder sie es doch recht schwer (Ich weiß als langjähriger Prüfer im Examen, wovon ich rede!): Keine erhellenden Vergleiche und Bilder; keine anrührenden Beispiele aus dem Leben; keine Aufrufe, das Leben zu gestalten; keine auffallend geschickte Komposition - eigentlich nur ganz schlichte Erzählung, Erinnerung und Deutung: Erzählung vom Leben und Geschick Jesu; Erinnerung daran, wie die Seinen, wie Gottes Volk darauf reagierte; Deutung des Gotteswillens - und trotzdem: "Als sie es hörten, ging's ihnen durchs Herz" - sie verstehen und begreifen, es berührt und bewegt sie - und das nicht nur im Inneren - "sie sprachen zu Petrus und den anderen Aposteln: Ihr Männer, liebe Brüder, was sollen wir tun?" - sie wollen etwas tun, es drängt sie zur Tat.

Wie kommt das zustande mit Hilfe dieser schlichten Worte - wie geht das zu aufgrund einer solchen wenig aufsehenerregenden Rede ... Das heißt: Ganz so "normal" war die

Predigt ja doch nicht, denn bis jetzt hatte ja noch niemand von den Jüngern und Freunden Jesu überhaupt das Wort ergriffen - bis jetzt waren sie unter sich geblieben, hatten sie sich geradezu versteckt. Da ist das Geheimnis des "Erfolgs" dieser Predigt vielleicht schon entdeckt: Weil Petrus selber bewegt wird, kann seine Predigt andere bewegen; weil es ihn selbst mitreißt, wirkt sein Wort mitreißend; weil es ihm selbst "durch's Herz" geht, trifft es die Hörer im Innersten; weil er selber etwas tut, drängt es auch die zur Tat, die ihn hören.

Und das - das nun ist nicht sein Werk, sondern Wirkung des Heiligen Geistes - so hat er es bevor er zu predigen beginnt, selbst erklärt: Nicht Wirkung meines Geistes - so wenig wie Wirkung des Weingeistes - sondern "das ist's, was durch den Profeten Joel gesagt worden ist; 'Und es soll geschehen in den letzten Tagen, spricht Gott, da will ich ausgießen von meinem Geist auf alles Fleisch'"

Und der bewirkt alles: Jetzt verstehen auch die Freude Jesu - er jetzt wirklich, was durch und mit Jesus geschehen ist; jetzt begreifen sie, was die Taten und die Zeichen, das, was Menschen sich wundern ließ, bedeuteten; jetzt erst begreifen sie auch, was seine größte Tat bedeutet - dass er sein Leben gab, gott-gewollt und zugleich von Menschen verschuldet; und jetzt begreifen sie auch erst wirklich, dass er lebt, für sie und für alle Menschen. Darum verlieren sie jetzt auch die Angst vor denen, die Jesus verfolgten, und die Furcht vor ihrer eigenen Unzulänglichkeit. Sie verlieren die Angst, Menschen auch auf das anzureden, was ihnen unangenehm ist - auf ihre Schuld. Sie verlieren die Furcht davor, nicht verstanden und verspottet zu werden ebenso wie die davor, nur zu gut verstanden und verfolgt zu werden.

Jetzt verlassen sie die Geborgenheit der kleinen Gruppe, der verschworenen Gemeinschaft, und gehen in die Öffentlichkeit; jetzt beginnen sie, Kirche Jesu Christi zu werden, die den Auftrag hat, bis an die Enden der Erde zu gehen - zu allen Menschen. Das bewirkt der Geist Gottes!

Und er bewirkt eben, dass es den Menschen „durch's Herz" geht. Dem einen mag es das Herz zerrissen haben, weil er sich selbst erkannte als einen von denen, die Jesus ablehnten, verfolgten, verspotteten. Einer anderen vielleicht mag es ein gebrochenes Herz geheilt haben, als Petrus von Vergebung der Sünden sprach, von der Vergebung, die Gott unverdient schenkt. Einem anderen öffnete sich vielleicht das Herz für jemanden, der ihm nahestand und ihm fremd geworden war, für den, der ihn verletzte. Einer anderen wurde vielleicht das Herz so weit, als sie davon hörte, dass die gute Botschaft Jesu allen gilt. Sie alle - und jede und jeder andere der Zuhörer - verstanden es jedenfalls so, dass es nicht nur ihren Kopf erreichte, sondern den ganzen Menschen - das bewirkt Gottes Geist.

Und - wie gesagt - es bleibt nicht beim Hören und Verstehen und Begreifen. „Was sollen wir tun?" Sie haben begriffen, dass das, was Petrus mit „Buße tun" meint, die Umkehr zu Christus ist - zu Gott.

Was ist es denn nun, was durch den göttlichen Geist geschieht? Ungewöhnlich, besonders, einmalig? Oder alltäglich, allsonntäglich vielleicht?

All das, was da am ersten Pfingstfest geschieht, das kann auch hier und heute geschehen und morgen und an jedem Tag. Das, was da zum ersten Mal ausgesprochen wurde, das sagen wir auch heute und morgen und übermorgen und - hoffentlich - so lange es die Kirche Jesu Christi gibt und so lange diese Welt besteht. Und an jedem Tag kann diese Botschaft menschliche Herzen erreichen - durch Gottes Geist - und nicht dadurch, dass „Geistliche" so gut reden können - so sehr wir uns auch zu bemühen haben, verständlich und einladend zu reden.

Die Verheißung des Heiligen Geistes gilt aber nicht nur Pastorinnen und Pastoren - diese Verheißung gilt "allem Fleisch", den Söhnen und Töchtern, den Jungen und Alten.

Jedenfalls hätte ich ja damals den Mund wohl doch nicht halten sollen!

Trinitatis Epheser 1, 3-14

"Trinitatis" - Dreifaltigkeitssonntag - Fest des dreieinigen Gottes - ein schwieriges Fest! In der Frühzeit der Christenheit immerhin so wichtig, dass noch heute fast die Hälfte aller Sonntage von diesem Fest an zählt und seinen Namen trägt. Heute als Fest gar nicht mehr wahrgenommen - ohne volkstümliches Drumherum, ohne Traditionen wie zu Weihnachten und zu Ostern. Das, worum es an diesem Sonntag geht, ist noch heute ein Ärgernis für Juden und Moslems, die uns vorwerfen, den Glauben an den einen, einzigen Gott wenn nicht verraten zu haben, so doch zumindest aufs Spiel zu setzen. Früher mit seinem Inhalt oft im Mittelpunkt theologischen Denkens und auch Streitens - heute eher fast schamhaft verschwiegen und übergangen. Früher der Versuch, möglichst genau auszudrücken und möglichst umfassend zu erklären, wie das zu denken und zu Glauben ist:

Ein Gott - und zugleich als Vater, Sohn und Heiliger Geist geglaubt. Bei der griechischen Philosophie hat man sich Rat geholt, von einer "Person" und drei "Naturen" gesprochen; sich den Kopf darüber zerbrochen hat man, wie Vater, Sohn und Geist zusammenhängen und zu unterscheiden sind ...

Im Glaubensbekenntnis von Nicaea und Konstantinopel aus dem Jahr 381, das auch zu unseren Traditionen, gehört ist davon noch viel zu spüren. Es heißt da z.B.:

"Wir glauben an den einen Gott, den Vater, den Allmächtigen ... und an den einen Herrn Jesus Christus, Gottes eingeboren Sohn, aus dem Vater geboren vor aller Zeit, Gott von Gott, Licht vom Licht, wahrer Gott vom wahren Gott; gezeugt, nicht geschaffen, eines Wesens mit dem Vater ... Wir glauben an den Heiligen Geist, der Herr ist und lebendig macht, der aus dem Vater und dem Sohn hervorgeht, der mit dem Vater und dem Sohn angebetet und verherrlich wird. ..."

Und genauso hat man zu sehr einfachen Mitteln gegriffen, um das auch denen verständlich zu machen, denen solche philosophischen und theologischen Feinheiten nicht zugänglich sind (und ob das eine Schande ist, sei dahingestellt!).

So erzählt man von einem Pastoren, der seinen Konfirmandinnen und Konfirmanden die Dreifaltigkeit ganz wörtlich genommen – sozusagen ganz „faltig" - so erklärte: "Seht ihr", sagte er und nahm seinen Talar in drei großen Falten zusammen, "Das sind Drei: Vater, Sohn und Heiliger Geist. Und, „damit ließ er die Falten los, "doch nur Eines" - also nur Erscheinungsformen, nur Sichtbarwerdungen des einen Gottes.

Oder, sollten wir es doch lieber lassen, das, was wir letztlich nicht begreifen können, aufdecken, in Begriffe fassen zu wollen. Ein bedeutender Theologe des vorigen Jahrhunderts (Helmuth Thielicke) hat immer davor gewarnt, sich um die - wie er sagte - "innertrinitarischen Intimitäten" zu kümmern ...

Ich glaube, dass der Apostel Paulus den richtigen Weg geht, wenn er der Gemeinde in Ephesus weder einen gelehrten Aufsatz noch allzu leichte Vergleiche anbietet, sondern etwas ganz anderes tut: Er lobt Gott, und mit und in diesem Gotteslob erzählt er davon, was Gott tut und was er für uns ist - denn nur das können wir wirklich erkennen - was er für uns bedeutet - denn nur das können wir wirklich bekennen. "Gelobt sei Gott!" - das geht allem voraus. Gelobt sei Gott, der uns nahe gekommen ist - der seine himmlische Macht aufgab für das irdische Elend in Jesus Christus, dem Kind in der Krippe; in dem Wanderprediger, der durch das Land zog und teilhatte an den Sorgen und Nöten und den Freuden der Menschen - in dem, der unsere Not teilte und unsere Gottferne (Sünde) auf sich nahm - der uns liebte, obwohl wir es nicht verdienten, der uns zu seinem Eigentum machte, obwohl wir lieber unsere eigenen Herren geblieben wären. Durch ihn und in ihm werden wir Kinder Gottes , ja sogar "Erben" - darum dürfen wir Gott Vater nennen und ihn unseren Bruder und den Sohn Gottes. Alles ist in ihm zusammengefasst, was wir von Gott wissen sollen und wissen können - ohne ihn verstehe ich weder von Gott etwas, noch kann ich mich selber begreifen. Er ist der Dreh- und Angelpunkt zwischen Gott und Mensch - und zwischen dem, was war und was ist und was kommt - zwischen der Vergangenheit, der Gegenwart und der Zukunft Gottes mit dieser Welt und mit uns Menschen. In ihm ist der "Reichtum der Gnade", der Liebe, mit der Gott uns erwählt hat von Anfang an:

Er hat uns gesucht und gefunden, angeredet und zu sich gerufen - das ist Grund zur Freude und zum Lob. Von ihm haben wir auch das "Wort der Wahrheit", das Evangelium, die gute Botschaft - und die es von ihm gehört haben, haben es weitergesagt, andere haben es aufgeschrieben, wir können es lesen und hören. Es ist sein Werk, dass es nicht ungehört an uns vorbeigerauscht und nicht unverstanden an uns vorübergegangen ist - wie mit einem Siegel hat der Geist es für uns und in uns "beglaubigt" und wahrgemacht. Das ist unsere Weisheit und Klugheit, dass Gott uns "das Geheimnis seines Willens" hat wissen lassen. Und damit sind nicht Gebote und Forderungen gemeint, sondern, dass er uns als seine Menschen, als seine Kinder haben will - und dass er uns als seine Kinder in seiner, in unserer Welt haben will...

Einwand: Ist das denn wirklich möglich, Gott so zu loben, so überschwänglich, so ohne Einschränkungen. Zeigt die Welt nicht ein ganz anderes Gesicht, und sehen wir nicht auch darin das Gesicht Gottes!? Sind "Gottes Kinder" so, wie er sie sich vorstellt - und wie wir uns das wünschen - sieht man uns an, dass wir Kinder Gottes sind, spürt man uns ab, dass wir aus seiner Liebe leben, erkennt man, dass wir aus seiner Wahrheit heraus denken und handeln, reden und leben...!? Und sieht man nicht auch so den Vater und den Sohn - wie in einem Zerrspiegel!? Müsste nicht erst alles anders werden - müssten nicht wir erst anders werden, bevor wir Gottes Lob singen dürften!?

Paulus lenkt unseren Blick eben im Grunde von uns fort, zeigt uns, dass das alles nicht von uns abhängt - lenkt den Blick auf Gott, der alles in Allem ist, fern, unbegreiflich, unsagbar - und eben doch in Jesus Christus fassbar und nah.

Dieses „Geheimnis des Glaubens" feiert der Trinitatistag.

1. Sonntag nach Trinitatis   5. Mose 6, 4-9

Wahrscheinlich besitzen wir alle einige davon: Souvenirs, „Andenken" - mitgebracht von schönen Urlaubsreisen - geschenkt bekommen von Freunden vielleicht schon vor langer Zeit - geerbt von längst verstorbenen Verwandten - Erinnerungen meist an gute Zeiten, manchmal auch Schweres in unserem Leben. Sicher: Oft verstauben sie meist unbeachtet vor sich hin, verstecken sich in entlegenen Winkeln unserer Behausung - und, von Zeit zu Zeit packt uns der Wunsch, sich ihrer zu entledigen, sie zu „entsorgen". Aber, wenn ich so ein Andenken wieder in die Hand nehme, genau ansehe, dann behalten ich es doch, lege es wieder zurück, dahin, wo es lange lag. Aber nicht, ohne mich zu erinnern, an das zu denken, wofür das Andenken steht: Ereignisse, Erlebnisse, Menschen... Und dann werden diese Erinnerungen wieder lebendig.

So fremd - denke ich - ist es also eigentlich gar nicht, was da im 5. Buch Mose aufgeschrieben ist; Das Volk Israel bekommt den Auftrag, „Andenken" herzustellen und sie auch zu benutzen - „Merkzeichen", damit sie sich diesen Augenblick immer merken, sich stets daran erinnern: Diesen Augenblick, in dem Mose ihnen noch einmal berichtet von seiner Begegnung mit Gott auf dem Sinai und ihnen noch einmal die Gebote einschärft, die er dort empfangen hat - ihnen noch einmal die Worten des Glaubensbekenntnisses einschärft: „Höre, Israel, der Herr ist Gott, der Herr allein!".

Das Volk Gottes hat das getan und tut es bis heute - und tut es ganz wörtlich, wie es in der Heiligen Schrift steht: An den Haustüren und bei vielen auch an jeder Tür des Hauses kann man kleine Kapseln sehen, in denen ein Pergamentstreifen die Worte des Glaubensbekenntnisses trägt: „Höre, Israel, der Herr ist Gott, der Herr allein!". Meist sind sie ziemlich abgegriffen, diese Kapseln, weil man beim Betreten oder Verlassen des Hauses sie kurz berührt: Erinnerung und stumm gesprochenes

Bekenntnis zu dem einen Gott, der sich ein Volk erwählt hat, damit alle Welt ihn erkenne. Und jeder Fromme bindet sich wirklich an jedem Morgen ein Kästchen an den linken Unterarm und an die Stirn mit den gleichen Worten als Inhalt, bevor er sein

Morgengebet spricht.

„Merkzeichen", damit jeder es sich jeden Tag merken kann, dass ein Gott ist, unser Herr. „Merkzeichen" auch das: Zeichen, die uns erinnern, dass die zusammengehören, die zu diesem Herrn und Gott gehören; dass es etwas gibt, was Menschen verbindet, eine gemeinsame Herkunft, ein gemeinsames Ziel haben, gemeinsame Aufgaben, Rechte und Pflichten, gemeinsame Werte und Regeln...

„Merkzeichen" - das bedeutet anscheinend aber noch mehr als „Andenken": Auch andere Menschen können daran etwas „merken", etwas erkennen.

„Merkzeichen" aber auch, dass das Bekenntnis zu ihm Menschen zusammenschließt.

„Merkzeichen" auch für die anderen Menschen, öffentliches Bekenntnis.

„Merkzeichen" - aber auch nicht mehr als das.

Dass es um mehr geht, das wird aus den Worten im 5. Buch Mose ja auch deutlich: Du sollst nicht nur darauf hören, dass es den einen Gott gibt, du sollst dir nicht nur das merken und zu Herzen nehmen und an deine Kinder weitergeben und davon reden - nicht nur davon.

„Du sollst den Herrn , deinen Gott, liebhaben von ganzem Herzen, von ganzer Seele und mit aller deiner Kraft" - das ist das, worum es eigentlich geht: Gott liebhaben - seine Liebe zu uns Menschen erwidern. Seine Liebe, wie er sie uns Menschen immer wieder gezeigt hat. Das Volk Israel denkt dabei an die Verheißung an Abraham und seine Nachkommen, an die Ereignisse in seiner Geschichte - an den Auszug aus Ägypten, an Gottes Führung in der Wüste, an die Erfüllung der Verheißung im „gelobten Land".

Christen denken an den größten Liebeserweis Gottes: Dass er seinen Sohn in diese Welt sandte, um alle zu retten - an Geburt und Leben, Leiden und Tod Jesu Christi - und an seine Auferstehung, die uns die Hoffnung gibt auf das neue Leben ganz bei Gott, ganz aufgehoben in seiner Liebe. Die Zeichen an den Türen, an Hand und Stirn, sie sagen: Ich liebe Gott - aber das reicht nicht aus, um die Liebe zu Gott wirklich zu zeigen, wirklich zum Ausdruck zu bringen. Das kann nur die Liebe selber - die Liebe,

die nicht abstraktes Bekenntnis, sondern konkrete Tat wird.
„Du sollst deinen Nächsten lieben wie dich selbst; ich bin der HERR” (3. Mose 19,18 b) - so benennt schon das Alte Testament. Das wirkliche Zeichen der Liebe zu Gott: Die Liebe zum Mitmenschen - und so hat es Jesus selber ja gesagt, als ihn jemand fragte, was er denn tun müsse, um richtig und sinnvoll zu leben.
In der Epistel für den heutigen Sonntag aus dem 1.Joh 4,20+21 können wir es nachlesen: „ Wenn jemand spricht: Ich liebe Gott, und haßt seinen Bruder, der ist ein Lügner. Denn wer seinen Bruder nicht liebt, den er sieht, wie kann er Gott lieben, den er nicht sieht? Und dies Gebot haben wir von ihm, daß, wer Gott liebt, daß der auch seinen Bruder liebe.”
Christliche „Merkzeichen”? Das Kreuz ist oft zum Schmuckstück geworden, fast möchte ich sagen: „verkommen” - der „Fisch” wird vermutlich von dem meisten Menschen nicht als solch ein Zeichen erkannt - „Bekreuzigen” (= Ich gehöre zu Christus) oder das Besprengen mit „Weihwasser” (= Ich bin getauft”), die Zeichen sind uns Evangelischen verlorengegangen...
Was bleibt?
Dieser Gottesdienst - wie jeder Gottesdienst, zu dem sich die Gemeinde Jesu Christi versammelt - ist ein solches „Merkzeichen”: Weil darin deutlich wird, dass allem, was wir tun können, Gottes Tat vorausgeht, dass seine Liebe uns erreicht und unsere Liebe zu ihm sich erweist in der Liebe zum Mitmenschen. „Gottesdienst” heißt so, weil Gott uns dient - so hat es Martin Luther gesagt: „Gott dient uns mit seinem Wort und wir antworten ihm mit Gebet und Lobgesang”

6. Sonntag nach Trinitatis Psalm 139, 1-12+23-24

Ich erinnere mich: Bei einer Tagung mit Verantwortlichen für den Kindergottesdienst war es, als wir diesen Psalm lasen - da sagte eine von uns: Das ist ja fürchterlich, geradezu unheimlich. Was ist das für ein Gott, der überall ist, dem nichts entgeht, der alles weiß und sieht - das macht mir Angst...

Da habe ich dann unwillkürlich an ein Buch gedacht, das mich - schon als Jugendlicher richtiggehend fasziniert hat; George Orwell: 1984 - ich weiß nicht, ob es jemand kennt. Es spielt in einem erdachten Land, in dem ein Führer herrscht, den man „Big Brother" nennt, den "Großen Bruder" - und das hat herzlich wenig zu tun mit der Fernsehsendung, die sich so nennt, weil da Menschen rund um die Uhr beobachtet werden. Den „Großen Bruder" und den Machthabern reicht das nicht.

Ihnen reicht es auch nicht, dass die Menschen tun, was ihnen befohlen wird. Auch in ihrem Inneren, von Herzen sozusagen, sollen sie tun, was verlangt wird: Eine besondere Polizei - die sogenannte „Gedankenpolizei" - spürt den Menschen nach. Überall zeigen Bildschirme nicht nur das, was die Machthaber wollen, sondern sie beobachten zugleich auch jeden Schritt der Untertanen; Menschen bespitzeln einander, sogar Eltern ihre Kinder und Kinder ihre Eltern.

Der Held des Buches versucht, sich dem allen zu entziehen, aber er wird aufgespürt; und als die Gedankenpolizei ihn mit dem Einzigen bedroht, vor dem er wirklich Angst hat (auch das wissen sie!), da verrät er den einzigen Menschen, den er wirklich liebt - denn Liebe darf es nicht geben unter den Menschen

"Big brother is watching you" - "Der Große Bruder beobachtet dich" - es gibt kein Entrinnen - nicht auf der Erde und nicht unter der Erde und nicht im Himmel - es gibt nichts verborgenes - nicht einmal in meinen Gedanken und Gefühlen...

So - so fühlte es jedenfalls damals die Teilnehmerin an der Tagung - so ist es auch mit Gott in diesem Psalm - er ist überall zu allen Zeiten, sieht, weiß und kennt wirklich alles - auch das, was ich vor allen zu verbergen suche, das, was mir an mir selber nicht gefällt: Gedanken, die mich selbst erschrecken, wenn ich sie habe, Gefühle, deren ich mich schäme - alles, was ich mit keinem teilen möchte und mir selber kaum einzugestehen wage. Ich weiß ja doch, dass ich nicht so bin, wie Gott mich haben will, nicht immer so, wie meine Mitmenschen mich gern hätten, und ehrlich gesagt nicht einmal so, wie ich selbst gern wäre. Da ist es dann in der Tat ein erschreckender Gedanke, dass Gott das alles wissen und sehen könnte - denn: Müsste er mich nicht ablehnen, verurteilen, verwerfen - so wie es doch Menschen immer wieder tun, wenn ich ihren Wünschen und Vorstellungen nicht entspreche?

Martin Luther hat das so besonders stark empfunden - hat Gott so gesehen - wie man es ihm wohl auch beigebracht hatte, als den Allwissenden, der vor allem deswegen alles weiß, damit er den Sünder bestrafen kann! Ihm ist Gott zu so einer Art "Großen Bruder" geworden, der ja in Wirklichkeit eben nicht der „Bruder", sondern der Große Herrscher, der Große Richter, ja der Große Vernichter war... Ja, und dann hat Martin Luther etwas neu entdeckt. Ich will das einmal so sagen: Dann hat er neu entdeckt, dass Gott wirklich der "Große **Bruder**" war - nicht wie der in dem Buch - sondern der, der in Jesus von Nazareth wirklich unser "Bruder" geworden ist - Mensch wie wir, auf diese Welt gekommen und gelebt, unser Leben geteilt und unser Leiden und sogar unseren Tod - er ist uns gleich geworden, und darum teilt nicht nur er unser Leben, sondern auch wir das seine. Deswegen können wir sagen, dass Gott uns wirklich kennt - mit allem, was unser Leben ausmacht, dass er wirklich überall bei uns, um uns ist - nicht weil er uns argwöhnisch beobachtet und bespitzelt.

Jesus von Nazareth hat nicht Wissen über Menschen angesammelt wie ein Wissenschaftler, er hat nicht Akten über sie angelegt wie ein Staatssicherheitsdienst, er hat sie nicht ausgeforscht wie die "Gedankenpolizei" - er ist zu ihnen begegnet, ist zu ihnen gegangen und hat ihr Leben heil gemacht - und eigentlich immer hat er ihnen etwas Besonderes zugesprochen - zugesagt im Namen Gottes: "Dir sind deine Sünden vergeben" - so ist es Gottes Wille - hat nicht verurteilt, verworfen, bestraft, sondern vergeben, verziehen - selbst denen, die ihn ans Kreuz brachten. Dir sind deine Sünden vergeben - das heißt: Das, was dich von Gott trennt - womit du dich von Gott getrennt hast, hat Gott weggenommen, fortgenommen, beseitigt - es gilt nicht mehr, ja mehr noch: Es gibt es nicht mehr, es existiert nicht mehr - das ist mehr als wie Menschen können - und fast mehr als wir verstehen können. Weil Gott alles sieht und weiß, nicht um uns zu verurteilen, sondern um uns zu vergeben, darum will er auch, dass wir das beseitigen, was uns von anderen Menschen trennt, voneinander.

Von Mose wird berichtet, er habe mit Gott während der Wüstenwanderung im Eingang des sogenannten „Zelts der Begegnung" gestanden und Gott habe mit ihm gesprochen „wie man mit einem Freund spricht". Im Konfirmandenunterricht habe ich dann oft - wenn es um das Gebet ging - zunächst gefragt: Wie spricht man denn mit einem Freund, was sage ich ihm, was wünsche ich mir, worum bitte ich ihn. Und immer wieder einmal hat in Konfirmand oder eine Konfirmandin auch geantwortet: Ich bitte ihn um Verzeihung.

Schön wäre es, wenn wir das immer fertigbrächten. Einander zu sagen, was uns belastet und uns trennt, nicht nur dem anderen vorzuhalten, was sie oder er getan oder versäumt hat an uns - das fällt ja noch ziemlich leicht - sondern auch das, was wir falsch gemacht haben. Gottes Ziel, wenn er immer und überall bei uns ist - ist jedenfalls eines: Dass wir leben! Durch ihn und mit ihm und zu ihm hin. Nichts und niemand kann uns von ihm trennen, nicht das, was nicht gut an uns ist, nicht das, was wir versäumen - nicht einmal, wenn wir uns von ihm zu trennen versuchen.

Manchmal sprechen Menschen von einer „gottverlassenen" Gegend. Aber kein Land, kein Teil dieser Erde ist so weit, dass Gott nicht da wäre - manchmal reden wir von „gottlosen" Menschen – aber auch sie sind Gott nicht los geworden.

Schwer ist es, das zu verstehen, weil es Gotte Gedanken sind und nicht unsere - aber: Ob wir es verstehen oder nicht: „Am Ende sind wir doch immer bei dir". Amen.

9. Sonntag nach Trinitatis 1. Petrus 4, 7 - 11

Eine Fülle guter Ratschläge, die - auf den ersten Blick jedenfalls - ein wenig willkürlich aneinandergereiht zu sein scheinen - so als habe der Schreiber - etwas in Eile - einiges zusammengetragen, was ihm wichtig erschien. Und: Wichtig ist das schon, was da steht. Es sind nicht die bekannten gute Ratschläge, die wir nur ungern hören, weil sie uns nicht weiterhelfen oder weil sie uns als „neunmalklug" erscheinen.
"Seid besonnen und nüchtern zum Gebet". Nüchtern ist man eigentlich von alleine, dazu muss man nichts tun - nur: Sich nicht berauschen lassen. Berauschen lassen von all den vielen Angeboten auf dem Markt: Von Weltanschauungen und Ideologien, von religiösen Heilslehren und esoterischem Spuk. Das alles kann wie eine Droge werden, die berauscht, „besinnungslos" macht. Ja, und da gilt es dann "besonnen" zu bleiben, oder es wieder zu werden - sich zu besinnen, nachzudenken, Entscheidungen zu treffen - da gilt es, sich zu besinnen, auf das, was uns eigentlich alle gemeinsam bewegt, uns Maß und Ziel setzt in dem, was wir erwarten und was wir selber tun. Wo anders könnten wir diese Nüchternheit besser erreichen als im Gespräch mit Gott und in der gemeinsamen "Besinnung", im Gebet für einander und miteinander...?!
"Habt untereinander beständige Liebe, denn die Liebe deckt auch der Sünden Menge". Was hier so etwas altertümlich und umständlich formuliert ist, das ist doch im Grund etwas, was jeder Mensch in seinem Leben schon einmal erfahren hat: Ich bin darauf angewiesen, dass die Menschen, mit denen ich lebe, mich ertragen mit meinen Mängeln und Fehlern, mittragen bei dem, was mir schwerfällt und was ich allein nicht bewältige, mich tragen, wenn ich versage; mir vergeben, wenn ich etwas falsch gemacht habe - eben meine Sünde zudecken mit der Liebe.
Gottes Liebe ist das Einzige, was das wirklich vermag - getragen von seiner Liebe können wir die Kraft zur Liebe untereinander gewinnen - gerade dann, wenn sie uns nicht leicht fällt, denn gerade dann ist sie oft am nötigsten...
„Seid gastfrei untereinander ohne Murren" - Gäste, so sagt man, machen zweimal

Freude: Einmal, wenn sie kommen und einmal, wenn sie wieder gehen. Gäste sind eben nicht nur Freude, sondern auch manchmal Last immer auch Aufgabe und nie nur Gabe. Vielleicht hilft es gegen das Murren, daran zu denken, dass wir selber ja auch immer wieder einmal Gast sind.

"Dient einander... mit der Gabe, die jeder empfangen hat als die guten Haushalter der mancherlei Gnade Gottes" - reichlich hat Gott seine Gnadengaben an uns Menschen verschenkt, so reichlich dass der Dienst aneinander, von dem der Apostel spricht, sehr oft zunächst einmal darin besteht, einem Menschen zu helfen, seine oder ihre Gaben überhaupt zu entdecken. Ich denke an eine Frau, die ich kannte, und mit der ich zusammenzuarbeiten hatte, der man von Kindheit an immer nur gesagt hatte, dass sie nichts sei und nichts könne. Natürlich glaubte sie selber es auch - und ich bin bis heute froh und stolz darüber, dass ich ein wenig mithelfen konnte, sie vom Gegenteil zu überzeugen.

Und bei anderen kann der Dienst aneinander es wohl erfordern, jemandem auf seine Grenzen hinzuweisen und ihm zu der Erkenntnis zu helfen, dass niemand alle Gaben gegeben sind - dass eben beides unbesonnen ist: Die Selbstüberschätzung wie das Unterschätzen der eigenen Möglichkeiten. Vor allem ist aber wohl bei dem gegenseitigen Dienst gefragt, dass ich von niemandem Fähigkeiten erwarte und einfordere, die Gott ihm oder ihr nicht gegeben hat - und wenn ich noch so fest davon überzeugt bin, das müsse man doch eigentlich können.

Eine Aufgabe in der Gemeinde nun nennt der Apostel besonders: Die der Predigt, der Verkündigung der guten Botschaft des Evangeliums von Jesus Christus: "wenn jemand predigt, daß er's rede als Gottes Wort" - nicht dass er das seine als das Wort Gottes ausgebe - nicht seine Gedanken und Gefühle, seine Überzeugungen und Ziele mit denen Gottes verwechsle - denn dieses ungewollte, unbewusste Verwechseln ist wohl die eigentliche Gefahr - nicht die bewusste Täuschung, die Selbsttäuschung, nicht die derer, die die Botschaft hören wollen und sollen.

Täuschen können aber auch sie sich - Predigt ist ja keine einseitige Angelegenheit -

auch die Hörer könne ihre Erwartungen, ihre Hoffnungen, ihre Anschauung der Welt, ihre Überzeugungen verwechseln mit denen Gottes - und wenn die Predigt kritische Hörer verlangt, dann auch selbstkritische - so wie es auch für die gilt, die predigen - und das sind ja nicht nur wir Pastoren und das geschieht nicht nur, wenn im Gottesdienst die Predigt "dran ist".

"Wenn jemand dient ..., dann aus der Kraft, die Gott gewährt" - nicht in der Verblendung, es ginge schon aus eigener Kraft - und nicht in Einbildung, wenn man es nicht aus eigener Kraft schaffe, dann ginge es eben gar nicht - in der Alttestamentlichen Lesung für den heutigen Sonntag geht es um die Berufung des Profeten Jeremia; da sagt er: "Ach Herr, ich tauge nicht zu predigen; denn ich bin zu jung". Der Herr aber sprach zu mir - so berichtet der Profet - "Sage nicht: 'Ich bin zu jung', sondern du sollst gehen, wohin ich dich sende und predigen alles, was ich dir gebiete. Fürchte dich nicht vor ihnen; denn ich bin bei dir und will dich erretten, spricht der Herr."

Es ist gut, erinnert zu werden an die Gaben, die Gott gibt, und an die Grenzen die Gott setzt - an das Zusammenspiel der Gaben im gemeinsamen Dienst und an die Kraft der Liebe, die uns eint und auch "der Sünden Menge" deckt, an Besonnenheit und Nüchternheit im Umgang mit sich selbst und miteinander, an das Gebet, das uns hilft, Gottes Gaben zu erkennen und die Aufgaben, die er uns gegeben hat, Weg und Ziel, (zu dem wir berufen sind angesichts des "Endes aller Dinge", das in Jesus Christus nahe gekommen ist - des Endes auch aller Maßstäbe, die Menschen sich und einander setzen),

"damit in allen Dingen Gott gepriesen werde durch Jesus Christus. Ihm sei Ehre und Gewalt von Ewigkeit zu Ewigkeit. Amen"!

11. Sonntag nach Trinitatis Lukas 7, 36 - 50

Eine durch und durch ungewöhnliche Geschichte, ungewöhnlich nicht etwa deswegen, weil uns die Sitten und Gebräuche vergangener Zeiten nicht geläufig wäre - auch nach den Maßstäben damalige Wohlverhaltens: Außergewöhnlich!

Da dringt eine Frau einfach ein in das Haus eines ihr fremden Mannes - noch dazu, als der gerade Gäste hat. Und diese Frau hat überdies mit dem Gastgeber nicht das Geringste gemein. Er: Ein Mann der Wohlanständigkeit, der Rechtschaffenheit, der Rechtgläubigkeit - angesehen, geachtet... Sie: Eine stadtbekannte "Sünderin" - am Rande der Gesellschaft, unmoralisch, abgelehnt, verachtet ... Diese beiden trennen Welten! Und das nicht nur gesellschaftlich!

Und dann stürzt sie sich auch noch auf einen Gast! Sicher, es war durchaus Sitte, dass man dem Gast von Dienern die Füße waschen und das Haar mit Öl einreiben ließ. Aber Sie? Die Füße auch noch küssen und sie abtrocknen mit den eigenen Haaren - mehr als übertrieben, exaltiert, schwärmerisch wie gegenüber einem Star ...

Und was tut der Gastgeber? Lässt er die Frau vor die Tür setzen, wie zu erwarten? Nichts dergleichen! Ja, er scheint nicht einmal erstaunt darüber zu sein, was sie da tut. Ihn interessieren offenbar die Gründe und Hintergründe nicht. Er nimmt nur wahr, dass sein Gast, dass Jesus sich dies alles gefallen lässt.

Da haben dann die beiden so unterschiedlichen Menschen doch etwas gemeinsam: Beide konzentrieren sich auf Jesus!

Aber damit endet dann auch schon wieder das Gemeinsame: Sie tut Sklavendienst an ihm und mehr als das. Er verurteilt Jesus: Das will ein Mann Gottes sein, ein Frommer und Gerechter, und lässt sich von einer solchen Schlampe so etwas gefallen?! Für ihn ist Jesus damit erledigt.

Und Jesus? Er erzählt eine Geschichte - wie so oft, wenn er Menschen etwas deutlich machen will, etwas, was sie selbst betrifft: Natürlich wird sich der, dem eine große Schuld erlassen wird mehr freuen als der, bei dem es nur um einen Kleckerbetrag geht. Dem kann auch der Pharisäer nur zustimmen.

„Du hast recht geurteilt", sagt Jesus. Doch bevor sich Simon darüber freuen kann, macht Jesus ihm klar, dass er nicht nur recht geurteilt, sondern sich selber verurteilt hat - er, der eigentlich Jeus verurteilen wollte.

„Ich bin zu dir gekommen", sagt Jesus zum Pharisäer, „aber du hast nicht...!"

Du hast mir nicht nur die selbstverständlichen Zeichen der Höflichkeit gegenüber einem Gast verweigert - das Waschen der Füße, den Bruderkuss, das Salböl für das Haar - du hast eben überhaupt nicht begriffen, was es bedeutet, dass ich zu dir gekommen bin - du bist so sehr gefangen in deinen Vorstellungen von dem, was Gott will - so sehr eingesperrt in deine Überzeugung von der eigenen Rechtschaffenheit und Rechtgläubigkeit - so sehr behindert von den engen Grenzen deines Denkens, dass du gar nicht auf die Idee kommst, du könntest gemeint sein in meiner Geschichte, in dem Gleichnis - dass du gar nicht siehst und verstehst, dass auch du Vergebung brauchst, Gottes Vergebung, Gottes Liebe, die ich nicht nur verkünde, sondern selbst bringe. Nein er hat es nicht begriffen und auch die anderen nicht, die mit am Tisch sitzen, die anderen anständigen, rechtschaffenen, frommen die am Schluss fragen: Wer ist der, dass er Sünden vergeben will?

Wie anders die Frau: Sie muss von diesem Jesus gehört haben, von dem was er sagt und von dem, was er tut; davon, dass er gerade zu denen geht, die wenig angesehen sind, die man als Sünder abstempelt, zu Kranken und Besessenen, zu Behinderten und Aussätzigen, zu Zöllnern und Sündern - sie hofft, ja sie weiß, dass Jesus auch zu ihr gekommen ist, sie hat erkannt, wer er ist, was er für sie bedeutet. Und sie reagiert darauf, handelt danach. Das Ungewöhnliche, das, was uns so übertrieben und exaltiert vorkommt, ist keine Hysterie, sondern ist allein Zeichen, Ausdruck ihrer großen Dankbarkeit - ihrer Dankbarkeit dafür, dass da jemand gekommen ist, der auch ihr die Liebe Gottes zuspricht und bringt und ihre vielen und großen Sünden vergibt, so wie der Mann im Gleichnis die große Summe erlässt, die ihm geschuldet wird. Und das Ende dieser Geschichte macht noch einmal deutlich, dass sie Recht hat:

„Dir sind deine Sünden vergeben", so sagt Jesus und fügt hinzu: „Dein Glaube hat dir geholfen, geh hin in Frieden" - dein Glaube, dein Vertrauen auf die Liebe Gottes, das alles hast du gezeigt mit dem was du für mich getan hast. An dem was der Pharisäer nicht tut, und an dem, wie die Frau handelt, zeigt sich deutlicher als durch alle Worte, wie sie zu Jesus stehen. Mich erinnert das geradezu an den Satz der Bibel, der da lautet: „An. ihren Früchten sollt ihr sie erkennen!" Das ist heute nicht anders als damals. Erkannt zu haben, wer Jesus ist, für euch und für mich, das zeigt sich nicht daran, dass man die richtige Theologie hat - die hat auch der Gastgeber in der Geschichte. Erkannt zu haben, wer Jesus ist, das zeigt sich daran, dass wir in unserem Leben etwas davon spüren zu lassen, dass wir seine Vergebung, seine Liebe erkannt und angenommen haben, dass wir ihn, der zu uns kam, bei uns aufnahmen.

Was Jesus tut, befreit zum Handeln! Wie kann, wie soll das aussehen? Die Geschichte bei Lukas könnte uns auf eine falsche Spur führen - sie könnte uns dazu bringen, das Normale, das Alltägliche, das Selbstverständliche im Umgang mit unseren Mitmenschen gering zu schätzen - und nur das Außergewöhnliche, das Besondere, das Unkonventionelle für das richtige Tun zu halten. Das, was Jesus in der Geschichte tut und sagt, zeigt aber, dass dies ein Missverständnis wäre: Bei dem Pharisäer mahnt er das allgemein gültige Handeln an - von der Frau akzeptiert er das außerordentliche - beides ist gut und richtig und nötig.

Die Antwort auf Gottes Liebe ist das, was schon im Alten Testament steht und was Jesus bestätigt: Du sollst Gott lieben von ganzem Herzen und deinen Nächsten wie dich selbst! Im Alltag erwarte ich von meinen Mitmenschen doch auch Respekt, Rücksichtnahme, Höflichkeit - in besonderen Situationen meines Lebens, in Krisen, erhoffe ich mehr als das.

Erntedankfest Psalm 104, 10 - 15 + 27 - 30 / Lukas 12, 15 - 21

Ja, so ist mir schon irgendwie zumute: Dass ich die überschwänglichen Worte des Psalms gerne mitsprechen möchte und auch gut mitsprechen kann: Ich freue mich darüber, dass nach dem zunächst nicht stattgefundenen Sommer noch so schöne Tage folgten - ich freue mich, dass es überall noch grün ist und manche Pflanze zum zweiten Mal blüht - ich freue mich an den bunten Farben, mit denen sich der Herbst ankündigt - ich freue mich, die Enkel heranwachsen zu sehen - ich freue mich , dass ich mir keine Sorgen machen muss, woher ich heute und morgen und übermorgen zu Essen und zu Trinken bekomme - ich bin dankbar für all die Menschen, die mir Gutes gewünscht und Gutes getan haben, die für mich arbeiteten, dachten, planten, ohne dass wir einander kennen und ohne, dass ich überhaupt weiß, wie viele Menschen sich zu meinem Wohl angestrengt haben - ich bin dankbar, dass wir stabile politische Verhältnisse haben (trotz Finanz- und Eurokrise) - ich bin dankbar, dass wir in Frieden gelebt haben und in Frieden auch im kommenden Jahr leben werden, Frieden im Inneren und nach Außen - das alles und wohl noch mehr sage ich voll Freude und Dankbarkeit mit dem Psalmisten ... und sage damit Dank, meinen Mitmenschen und unserem Gott.

Denn der Psalm macht es ja ganz deutlich: In all dem zeigt sich Gottes Lebenswillen, seine lebenschaffende Kraft, die sich eben nicht auf irgendein Jenseits richtet oder irgendeine Zukunft - und die auch nicht aufgeht in einer kaum anschaulichen Vergangenheit namens Schöpfung. Schöpfung geschieht hier und jetzt - jeden Tag. In allem, was das Leben erhält, fördert, stärkt, verbessert, schöner macht leuchtet diese Schöpfungskraft Gottes durch die Dunkelheit, die wir Menschen manchmal selber schaffen. Gottes Atem - so heißt es in der Schöpfungsgeschichte - eigentlich sein „Hauch"- ermöglicht mir zu atmen - und alles was lebt, Pflanzen und Tiere und Menschen. Wie ein „Hauch" wirkt es vielleicht wirklich manchmal - kaum auszumachen in all den Stürmen und Wirbelwinden - ob es nun wirkliche Naturkatastrophen sind - oder all die Katastrophen, die wir Menschen mit unseren nicht enden wollenden Aktivitäten über die Welt bringen (und es ist keineswegs sicher, dass nicht auch zumindest manche der Naturkatastrophen ihre Ursache mit in dem haben, was Menschen der Schöpfung antun.).

„Danket dem Herrn, denn er ist freundlich, und seine Güte währet ewiglich" - das sage ich heute gern und würde dabei am liebsten vergessen, was diesem Dank entgegen steht an Erfahrungen und Erlittenem - wirklich einmal nur danken, vorbehaltlos...

Und dann ist da die Geschichte aus dem Lukasevangelium - früher oft kommentarlos als Lesung im Gottesdienst verlesen und manchmal missverstanden als Angriff auf Landwirtschaft und Bauern - da ist also das Gleichnis von jenem Bauern, der sich so grenzenlos freut - und der mir - ich gestehe es - eigentlich ungeheuer sympathisch ist, sympathisch, weil er eben nicht immer noch mehr will, wie die Wachstumsideologie uns vorschreibt, sondern mit der Fülle zufrieden ist - weil er vorausschaut und vernünftig plant, wie er aus der Fülle Vorrat für lange Jahre machen kann - weil er beschließt, sich des Lebens zu freuen und das zu genießen, was er erarbeitet hat.

Es ärgert mich schon, dass ausgerechnet ihm gesagt wird: Du Narr, du Spinner...!

Warum dieses Urteil: Ist Genuss schlecht; arbeitet der Mensch, um zu leben; oder lebt er, um zu arbeiten; geht es mit dem, der sich mit dem Erreichten begnügt, geht es mit dem bergab...? Warum dieses Urteil: Weil andere schon dafür sorgen werden, dass seine Welt nicht heil bleibt, Neider, Konkurrenten...? Warum diese Urteil: Weil er anscheinend nicht an seine Mitmenschen denkt, weil er egoistisch erscheint in seiner Zufriedenheit - womöglich weil er nicht investiert, weil er als Arbeitgeber ausfällt und durch seine Untätigkeit Arbeitsplätze vernichtet, Menschen um ihren Verdienst bringt...? Warum dieses Urteil: Weil er vielleicht das Land ausgesaugt und ausgelaugt hat, weil er die Umwelt belastet und zerstört hat...? Warum dieses Urteil: Wenn ich an die Ausgangssituation denke, vielleicht, weil er nicht an seine Erben denkt, die sich noch mehr erhofft hatten...?

Du Narr, du Dummkopf! - Nein, das alle ist es nicht - und trotzdem gilt ihm dies

Urteil. Trotzdem ist er dumm, so sagt Jesus, allein deswegen, weil er nicht sieht, dass Leben mehr ist als alles, was er mit seiner Freude und mit seinen Entschlüssen zu erkennen gibt - mehr als Existieren, als Essen und Trinken und Genießen - mehr als Arbeiten und Planen, Schaffen und Erwerben, mehr als reich werden und reich bleiben - mehr als mit allen Vorräten der Welt zu erreichen ist.

Das Urteil bleibt deswegen, weil er nicht sieht, dass für Gott und vor Gott Leben mehr ist als das - weil Gottes Lebenswille nicht aufgeht in dem, was wir Leben nennen und nicht endet an den Grenzen, die die Natur uns setzt - nicht an den Grenzen unserer Möglichkeit und nicht an der Grenze des Todes.

Das Urteil bleibt, weil er absolut setzt, was doch nur begrenzt ist - begrenzt in Raum und Zeit - und begrenzt im Wert. Nur so kann ich das „Du Narr" verstehen und akzeptieren - weil es mir weiterhin die Möglichkeit gibt und die Freiheit lässt, mich zu freuen und dankbar zu sein über das Leben in all seinen Formen.

Unser Gott gleicht nicht den Göttern der alten Griechen und Römer, die den Menschen oft das Gute neideten und dem, der sich freute dann schnell Grund zur Klage gaben. Unser Gott ist der Gott des Lebens - auch der Lebensfreude - aber er ist der Gott nicht nur dieses Lebens, sondern auch dessen, das die Bibel das „neue", das „ewige Leben" nennt - er ist Gott dieser, unserer Welt und der neuen Welt, von der die Heilige Schrift als „Reich Gottes" spricht.

Beides gilt es für den Menschen im Blick zu haben, wenn er nicht dumm bleiben will - auf beides gilt es sich vorzubereiten, wenn man nicht als Narr dastehen möchte.

Der Erntedanktag ist ein Tag der Freude - über die Ernte dieses Lebens und dieser Welt - so wie der Psalm es uns vormacht.

Er ist ein Tag der Freude und das Dankes über das, was Gott schenkt - über dieses Leben und das Leben der zukünftigen Welt.

Nirgend wo wird dieser Zusammenhang wohl so deutlich wie im Heiligen Abendmahl, in dem für den Glauben aus der Nahrung dieser Welt - aus Brot und Wein - Speise wird für das ewige Leben...

Gedenktag der Reformation Jesaja 62, 6 - 7 + 10 - 12

Jerusalem war erobert, die Armee geschlagen, der Tempel zerstört, die Stadt verwüstet. Als Gefangene waren ihre Bewohner fortgeführt in die Fremde, in die Hauptstadt der Eroberer. „An den Wasserbächen von Babylon saßen wir und weinten, wenn wir an Zion dachten", so sangen sie.
Es mögen ihnen wohl ihre Tränen die Augen klar gemacht haben, denn sie erkannten, was es gewesen war, das ihnen dies Elend gebracht hatte: Dass sie sie sich hatten hineinziehen lassen in die Politik der Großmächte und auf deren Stärke vertraut hatten; dass sie sich auf sich selbst verlassen hatten und auf menschliche Stärke, auf diplomatisches Geschick und militärische Gewalt; dass sie dem Menschen mehr zugetraut hatten als ihrem Gott; dass sie nicht gehört hatten auf das, was Gott ihnen durch die Profeten hatte immer und immer wieder sagen lassen; dass sie den Wächtern nicht trauten, die Gott über sie gesetzt hatte.
Nun herrschten Menschen über sie - Fremde sogar - solange bis andere Menschen, ein anderes Volk die Macht der Mächtigen brach und selbst zur Supermacht wurde. Sie ließen die Gefangenen alle frei, ließen sie zurückkehren in ihre Heimat, auch nach Jerusalem, die Stadt, die immer noch verwüstet dalag - ringsherum um den Tempel, der nicht mehr existierte.
Fast ging es ihnen wie ihren Vorfahren, wie denen, die aus Ägypten, aus der Sklaverei befreit waren, vor denen das Meer sich geteilt hatte - die sich in der Wüste zurücksehnten nach den „Fleischtöpfen Ägyptens" und die sich aus ihrem wenigen Gold die Karikatur einer ägyptischen Gottheit gemacht hatte, um darum zu tanzen...
In Babylon hatten sie besser gelebt! Waren vielleicht die Götter der fremden Völker doch stärker als ihr Gott; oder hatte Gott sie - nun endgültig - verlassen?
Wieder sind es Profeten, die gegen den Trend sprechen - gegen das, was augenscheinlich ist, ihre Botschaft sagen - gegen die menschliche Einsicht, gegen Resignation und Hoffnungslosigkeit Gottes Wort setzen: „Saget der Tochter Zion:

Siehe dein Heil kommt!"

Nicht vergessen und aufgegeben ist das Volk, das Gott sich ausgewählt hat, nicht „gottverlassen", sondern „Heiliges Volk" - d.h. Volk, das zu Gott gehört - nicht gefangen in Armut, Obdachlosigkeit, Abhängigkeit, sondern „Erlöste des Herrn" - und Jerusalem ist - gegen den Augenschein - nicht die Stadt, um die Gott sich nicht kümmert, sondern die „Gesuchte" - eine „Nicht mehr verlassene Stadt" - nicht von den Menschen, nicht von Gott...

Ihre Tore stehen weit offen, damit man hineingehen kann - und was dem noch im Wege steht, das gilt es fortzuräumen - all die Hemmnisse und Stolpersteine, die Menschen aufgerichtet und hinterlassen haben - eine Zeichen für alle Völker sollen sie bauen aus den Steinen, die sie aus der Bahn geräumt haben - ein Zeichen, sichtbar „bis an die Enden der Erde", wohin auch immer Gottes Botschaft kommt.

Was mag die Verantwortlichen bewogen haben, gerade diesen Abschnitt aus dem Alten Testament als Predigttext für den Gedenktag der Reformation - für das Reformationsfest - auszusuchen?

Ich habe mich erinnert:

Eine der Hauptschriften Martin Luthers aus der Frühzeit der Reformation hat den Titel „Von der babylonischen Gefangenschaft der Kirche". So hat er - schon drei Jahre nach 1517, nach dem Beginn dessen, was wir heute die Reformation nennen - so hat er die Kirche gesehen: Wie das Volk Israel gefangen - gefangen von dem und in dem, was der Kirche eigentlich fremd ist. „Fremdbestimmt", um es mit einem modernen Wort zu sagen - fremdbestimmt von Menschen, von dem, was Menschen erdacht und - wie er sagt - erdichtet haben - von Überlieferungen und angemaßter Autorität, von theologischen Spitzfindigkeiten und menschlichen Satzungen, die sich ausgeben als göttliches Gebot - von Priestern und Kirchenfürsten, die als besser und mehr galten als die schlichten getauften Christen - geknechtet von der Angst vor der Verdammnis, vor Fegefeuer und Hölle, von der Angst, mit der sich trefflich auch Geschäfte machen ließen - gebeugt, zusammengebrochen unter der Last der angeblich geforderten

„Guten Werke", ohne die es kein Heil geben solle: Lauter verschlossene Tore zum Heil, Tore, zu denen angeblich nur die Kirche die Schlüssel hätte - lauter Steine im Weg durch das Leben - und auf dem Weg zur Erkenntnis Gottes - lauter Zeichen, die in die verkehrte Richtung weisen, zur Verdammnis, zum Unheil, zum Tode.
Die Sakramente - um die geht es in Martin Luthers Schrift vor allem - nicht mehr „Lebens-Mittel", sondern Todesboten - nicht mehr Heilszeichen, sondern Zeichen der Gottferne....
Dem setzt Martin Luther die Zusage Gottes entgegen, sein Wort, das Menschen wurde in Jesus Christus.
Er schreibt: *„... das Wort Gottes ist das allererste. Dem folgt der Glaube nach, dem Glauben die Liebe. Danach tut die Liebe allerlei gute Werke... Das heißt, daß der Mensch nicht durch seine Werke, sondern Gott mit seiner Verheißung der Urheber der Seligkeit ist ...*
„Heiliges Volk" sind wir, weil Gott uns dazu macht, nicht weil wir „Heilige" sind oder sein müssten im landläufigen Sinne des Wortes. „Erlöste" sind wir, weil Christus uns erlöst hat und wir „Erlöste des Herrn" sind, nicht, weil wir uns selber erlösen könnten durch Tun oder Lassen. „Gesucht" hat uns Gott und gefunden - nicht andersherum. „Nicht mehr verlassene Stadt" ist die Kirche, unsere Kirche auch, weil Gott sie nicht verlassen hat und nicht verlassen wird, nicht weil wir so treu wären.
„Siehe, dein Heil kommt" - es kommt zu uns, von außen, von ihm, von Gott, nicht aus uns heraus.
Eine Kirche, die das weiß, sich daran hält, ist eine Kirche der offenen Tore und Türen - offen für jede und jeden. Eine Kirche, die davon lebt, versucht, Menschen die Bahn zu ebnen, richtet keine Hindernisse auf, sondern versucht, Steine aus dem Weg zu räumen. Eine Kirche, die so glaubt, ist selber ein Zeichen für alle Menschen.
Mit der Reformation damals ist etwas in Gang gesetzt worden, was bis heute nicht geendet hat: Mit den Worten des Profeten will ich es vergleichen mit dem, was Wächter tun, Wächter, die den ganzen Tag und die ganze Nacht nicht schweigen - wie es

heißt:

Dass wir jeden Tag neu hinsehen, aufpassen, wachen, damit die Türen nicht zugeschlagen, nicht neue oder alte Stolpersteine wieder aufgerichtet, nicht die wegweisenden Zeichen abgebrochen werden.

Immer sind wir darauf angewiesen.

Die Hauptaufgabe aber der Wächter - und das sind wir alle - ist: Dass wir Gott keine Ruhe lassen, dass wir ihn Tag für Tag im Gebet erinnern an seine Verheißung...

Gedenktag der Heiligen Matthäus 5, 1-10

Gestern Gedenktag der Reformation - ein typisch evangelischer, ja lutherischer Tag... Heute Gedenktag der Heiligen - ein typisch katholischer, ja römischer Tag...
Erste Überraschung: Auch im Kalender unserer Kirche steht dieser Gedenktag der Heiligen unter dem heutigen Datum, auch in unserer Kirche werden wir aufgefordert, diesen Tag zu begehen, zumal er auf einen Sonntag fällt in diesem Jahr.
Zweite Überraschung (diejenigen, die gestern im Gottesdienst waren, haben sich vielleicht schon gewundert!): Für beide Gedenktage ist das Evangelium dasselbe, die Seligpreisungen der Bergpredigt - Worte, die ganz im Mittelpunkt der Botschaft Jesu stehen, wichtige und gewichtige Worte - Worte vielleicht, in denen es um "Heilige" geht...?
Erster Eindruck: Nur zu verständlich, wenn wir manchmal von "komischen Heiligen" sprechen, wenn wir Menschen kennzeichnen wollen, die anders sind und anders leben, als wir es gewohnt sind, die sich Ziele setzen, die fremdartig erscheinen in unserer Welt, und sich an Werten ausrichten, die nicht die Werte unserer Gesellschaft sind.
Wer möchte schon "arm" sein - auch von uns; arm an Geld und an Gut, arm an Geist und arm an Gaben des Geistes?
Wer möchte schon Leid tragen? Ist es nicht auch unser Ziel, Leiden möglichst zu vermeiden, soweit sie uns selbst betreffen zu verdrängen, und fremdes Leiden zu übersehen, zu verdrängen?
Ist Sanftmut wirklich erstrebenswert? Gelten nicht auch in unseren Gemeinden solche Menschen als unentschlossen und schwach, nicht mutig genug und nicht durchsetzungsfähig?
Wer will schon hungern und dürsten - nach Nahrung und Wasser - oder nach Gerechtigkeit? Muss man nicht das alles sich erarbeiten und erwerben, erstreiten und vielleicht gar erkämpfen - und seinen Anspruch durchsetzen gegen jedermann?
Was bringt es einem Menschen, ein "reines Herz" zu haben, arglos zu sein, naiv

vielleicht sogar - man wird ja doch nur bitter enttäuscht, ausgenutzt und fallengelassen...

Strebt wirklich jemand danach, verfolgt zu werden? Nicht einmal, wenn es um die Gerechtigkeit geht, sind viele Menschen bereit, Nachteile in Kauf zu nehmen, viel weniger wirkliche Verfolgung - und wenn es dann noch um die Rechte anderer gehen sollte...?!

Besondere Menschen vielleicht, das ja - Heilige vielleicht sogar in dem Sinne, dass sie anders sind als die große Mehrzahl - (heimlich) bewundert unter Umständen sogar - aber öfter doch belächelt, ja bedauert - komische Heilige eben...

Freilich einige der Ziele, die Jesus nennt, einige der Werte, die er den Seinen ans Herz legt, die haben doch einen anderen Klang in unseren Ohren, die gelten auch in unserer Welt etwas:

Barmherzigkeit, Gerechtigkeit, Friede!

Menschen, die dafür stehen, werden bewundert - sie sind vielleicht die "Heiligen" unserer Zeit - die Vorbilder immer noch und immer wieder: Albert Schweitzer und Mutter Theresa, Gorbatschow und Willy Brandt - sie werden verehrt und geehrt.

Als Mutter Theresa - ich glaube es war 1979 - den Friedensnobelpreis erhielt, da hat sie gesagt: "Damit hat die Welt die Armen anerkannt" - ich fürchte, das ist ein frommer Wunsch geblieben, denn die Armen sind nicht weniger geworden, die "Schere" zwischen den armen und reichen Nationen hat sich weiter geöffnet - und das Mitleid hat wenig Konsequenzen, wenn es darum geht, nicht vom Überfluss zu geben, sondern zu teilen, zu verzichten, aufzugeben und zu opfern...

Als Gorbatschow (und andere sicherlich) den Weg frei machten für die Auflösung der Machtblöcke und die Beseitigung der Bedrohung durch Massenvernich-tungswaffen, da haben viele den Frieden auf Erden nahe gesehen - und jetzt stehen wir hilflos den Kriegen und Bürgerkriegen gegenüber, die es immer noch und immer wieder neu gibt, vermögen nicht einmal, wirklichen Frieden zu schaffen in unserem Land ...

Es ist schon nicht einfach, ein Heiliger zu sein in dieser Welt und in unserer Zeit - wie in jeder Zeit des Menschen - es ist schon schwer, die Ziele Jesu als Ziele des eigenen Lebens zu erkennen und die Werte Jesu zur Orientierung anzuerkennen - und noch schwerer ist es, danach zu leben - weil es scheint, als zahle es sich nicht aus, in dieser Welt danach zu handeln und als sei das, was Jesus verspricht - das Reich Gottes mit all seiner Seligkeit, das Himmelreich mit seiner Herrlichkeit so weit, so fern..

Also doch nur etwas für einige wenige vielleicht, die wir dann verehren - ob nun mit der Ehre der Altäre wie bei unseren katholischen Schwestern und Brüdern, oder als Vorbild des Glaubens und des Tuns wie wir es ja auch tun...

Martin Luther hat seine Erkenntnisse hauptsächlich beim Lesen des Brief des Apostels Paulus an die Römer gewonnen - dort lese ich nach - und dort lese ich die Adresse des Briefes (Römer 1, 7): "An alle Geliebten Gottes und berufenen Heiligen in Rom;" - und - möglicherweise Überraschung Nummer drei: Damit meint Paulus nicht einige wenige herausgehobene in der Gemeinde Roms, sondern alle, alle, die zur Gemeinde gehören. Heilige sind sie nicht, weil sie so gut sind und so gerecht, so glaubensstark und reich an guten Taten, sondern weil sie von Gott geliebt sind und von ihm berufen, weil sie zu ihm gehören - das heißt "heilig" - weil sie zur "Familie Gottes" und zum "Leib Christi" gehören, weil Gott sie geheiligt hat, gerecht gesprochen und gerecht gemacht - zum Glauben geführt und zur Liebe geleitet...

Und so verstehe ich, dass die Seligpreisungen der Bergpredigt ja nun wirklich zuallererst und eigentlich allein Zusagen sind, Zusagen, die Jesus Christus macht: Trost sagt er zu und Sättigung, Barmherzigkeit und Seligkeit, den Himmel und die Erde, Gottes ganze Schöpfung; und er sagt zu, dass sie Gott selbst sehen werden - von Angesicht zu Ange-sicht...

Und wenn das auch in der Zukunft Gottes sein wird, so gilt doch die Zusage "Selig sind..." auch schon jetzt in der Gegenwart dieser Welt - jetzt schon selig und hier schon heilig - nicht mehr und nicht weniger.

"Komische Heilige", so sagte ich im Blick darauf, dass Menschen, die von Gottes Liebe wissen, versuchen, davon weiter zu geben, zu zeigen in ihrem Leben; als Folge, nicht als Vorleistung - als Antwort, nicht als Anspruch - nicht als Gerechte, sondern als Gerechtgesprochene.

"Kümmerliche Heilige" sicher auch oft im Urteil der anderen und noch öfter im eigenen Urteil - meist keine Helden des Glaubens und keine Heroen der guten Werke - keine Leuchten des Geistes und keine „Sonnen der Gerechtigkeit“!

"Wollen habe ich wohl" - schreibt Paulus an die Gemeinde in Rom - "aber das Gute vollbringen kann ich nicht; denn das Gute, das ich will, das tue ich nicht; sondern das Böse, das ich nicht will".

Aber es hat Gott gefallen, ihn zum Apostel der Heiden zu machen - und uns zu seinen geheiligten und geliebten Kindern.

Gedenktag der Heiligen - das heißt dann sicher für uns, dass wir all derer gedenken, die Gott vor uns geliebt, gerufen, geheiligt hat - so wie es in der Epistel heißt: "Ich sehe die große Schar, die niemand zählen kann, aus allen Nationen und Stämmen und Völkern und Sprachen..."

Wie gut, dass es in dieser großen Schar der - für uns, nicht für Gott - Unbekannten und Namenlosen immer wieder auch die gibt, an denen wir uns orientieren können...

Mit Paulus gesagt: "Dank sei Gott durch Jesus Christus, unsern Herrn!"

Silberne Konfirmation Johannes 6, 67+68

"Wetten dass?" Wetten, dass sich keiner von Euch mehr an die Predigt erinnert, die ich vor 25 Jahren bei eurer Konfirmation gehalten habe! Aus dem Johannesevangelium hatte ich zwei Verse gelesen: „Als nun viele sich von Jesus abwandten, da sprach Jesus zu den Zwölfen: "Wollt ihr auch weggehen?" Da antwortete ihm Simon Petrus: "Herr, wohin sollen wir gehen? Du hast Worte des ewigen Lebens."

Wohin soll's gehen mit dem Leben - das war damals meine, vielleicht auch Eure Frage. Mit der Orientierungsstufe, die es damals noch gab – diese zwei Jahre weiteren gemeinsamen Lernens nach der Grundschule - hatte ich die Zeit verglichen, die unmittelbar vor euch lag - und die Frage war: Woran sollen wir uns überhaupt orientieren? Woher nehmen wir für unsere Entscheidungen den Maßstab und die Richtschnur? Diese Entscheidungen, so denke ich, sind längst gefallen bei euch - bewusst und sicher oft unbewusst - diese Entscheidungen haben Folgen gehabt in den vergangenen Jahren - manche vielleicht deutlich sichtbar etwa wenn die Karriere, der Erfolg im Beruf, das Wichtigste war; oder wenn das Leben in der Familie, die gelungene Partnerschaft, das Wohl der Kinder die größte Rolle spielte. Es mag auch sein, dass die Entscheidungen sich als falsch herausgestellt haben, dass die Angebote an Orientierung getrogen haben...

Und: Viele dieser Folgen sind sicher kaum oder gar nicht zu verändern und zu korrigieren, viele dieser Entscheidungen haben einen Weg vorgezeichnet, der nicht leicht zu verlassen ist, haben Fakten geschaffen, die bleiben...

Erfolg oder Misserfolg, Gelingen oder Misslingen, Hoffnung oder Resignation, Glück oder Unzufriedenheit - und öfter wahrscheinlich eine bunte Mischung aus allem. Ist da die Frage nach der Orientierung überhaupt noch aktuell, liegt nicht alles längst so fest, sind die Wege nicht längst vorgezeichnet?

In dem Abschnitt aus dem Johannesevangelium geht es um Menschen, deren Leben von einem Tag auf den anderen einen ganz anderen Verlauf nahm: Sie waren alle

längst aus der "Orientierungsstufe des Lebens" heraus, als sie Jesus begegneten:
Sie hatten ihre Berufe - Fischer, Handwerker, sogar Zöllner waren sie - sie hatten Familie - immerhin wird die Schwiegermutter des Petrus in der Bibel genannt - sie hatten ihre Überzeugungen - einer oder mehrere von ihnen standen den Untergrundkämpfern gegen die Römer nahe, andere waren eher das, was man Kollaborateur nennt Ihnen war Jesu begegnet in ihrem Alltag, beim Flicken der Netze, am Stadttor beim Zoll, und er hatte sie aufgefordert, mit ihm zu gehen. Sie hatten alles bisher so sicher Geglaubte hinter sich gelassen, sie hatten sich befreit von dem Zwang des angeblich Notwendigen, sie hatten erlebt, dass auch in ihrem Alter ganz neue Wege möglich werden können. Und jetzt stehen sie wieder vor einer neuen Entscheidung: Viele von ihnen - so hören wir - wandten sich von Jesus ab. Vielleicht, weil der Erfolg ausblieb, weil das Reich Gottes nicht sichtbarer und spürbarer wurde; mag sein, dass sie sich in Jesus getäuscht hatten, anderes erwartet und nun enttäuscht waren; möglich, dass sie sich zurücksehnten nach der Sicherheit des Alltäglichen und Gewohnten, nach Beruf und Familie.

Nur die Zwölf waren noch geblieben - und auch ihnen gibt Jesus die Möglichkeit, sich neu zu entscheiden, neu zu orientieren.

Für mich klingt dies "Wollt ihr auch weggehen?" nicht vorwurfsvoll, nicht ärgerlich, vielleicht ein wenig traurig - aber es ist eben doch eine ganz nüchterne, sachliche Frage: "Und ihr...? Petrus antwortet für die anderen mit: "Wohin sollen wir gehen - wohin sollten, wohin könnten wir denn gehen?"

Natürlich gibt es Alternativen - auch die anderen sind ja gegangen - und sie sind nicht ins Nichts gegangen - natürlich gibt es die Möglichkeit, zurückzukehren ins heimatliche Dorf, zur Familie, in den Beruf; natürlich gibt es die Möglichkeit, das, was sie bei Jesus zu finden hofften, anderswo zu suchen, das, was sie wollten, mit anderen Mitteln zu erreichen...

Ja und dann kommt dieser merkwürdige, unerwartete Satz, der Antwort ist und doch eigentlich alles offen lässt: "Du hast Worte des ewigen Lebens"!

Du hast Antworten auf meine Fragen nach dem Wohin und meines Lebens, nicht nur des Lebens heute und morgen und übermorgen - keine schnellen Antworten auf kurzsichtige Fragen; keine Antworten, die heute gelten und morgen schon passé sind; keine Antworten, die den schnellen Erfolg, das kurze Glück, das oberflächliche Wohlbefinden versprechen - die gibt es anderswo genug bei all den klugen Ratgebern unserer Welt. Es sind auch keine Worte, die mich vereinnahmen wollen, keine Antworten, die Fragen nicht zulassen, nichts, das mich unfrei macht und versklavt - solche Worte sagen uns Ideologen und Gurus allenthalben...

Seine Worte des ewigen Lebens, das sind Worte der Liebe - der Liebe Gottes zu allen Menschen ohne Wenn und Aber, ohne Vorbedingung und ohne auf das zu sehen, was ein Mensch kann und darstellt - Worte der Liebe, die Gott nicht zurücknimmt, wenn Menschen sie nicht beantworten und nicht annehmen, die ihre Geltung nicht verlieren, wenn Menschen sie nicht hören wollen. Worte der Liebe, die kein Ende hat - die nicht einmal endet an der Grenze, die für uns so unüberwindbar erscheint, an der Grenze, die der Tod setzt. Worte der Liebe, die Menschen in die Freiheit entlässt - in die Freiheit von all den tatsächlichen oder vermeintlichen Zwängen unserer Welt - in die Freiheit sogar von den Gegebenheiten, die uns so unwandelbar erscheinen, wenn unser Leben eine bestimmte Richtung genommen hat - in die Freiheit, die sogar die Möglichkeit des "Weggehens" einschließt - und immer die Möglichkeit der Rückkehr offen lässt.

Jesus jedenfalls hat diese Worte des Lebens weiter gesagt, auch als so viele ihn verließen, ja sogar als die Vielen ihm nach dem Leben trachteten - er hat nicht aufgehört, auch nach denen zu suchen, die ihm verlorengingen und die zu rufen, die nicht hörten.

"Wohin sollen wir gehen?"

Vor 25 Jahren habe ich gesagt: "Solange ihr fragt, seid ihr noch auf dem Wege; solange ihr fragt, ist es keiner Ideologie gelungen, euch einzufangen..., solange ihr fragt, zeigt ihr, dass ihr nicht mit schnellen Antworten und fertigen Rezepten abgespeist werden wollt.

Ich wünsche euch, dass euch diese Fähigkeit zum Fragen erhalten bleibt..."

Dabei bleibe ich - auch heute - und ich wünsche mir - wie damals, dass die Antwort auf die Frage "Wohin sollen wir gehen", die Petrus sich selbst gab: "Wohin denn anders als zu dir, Herr", dass diese Antwort für Euch möglich bleibt und wirklich wird.

Amen

20. Sonntag nach Trinitatis 1. Mose 8, 18-22

"O Herr, warum? Warum lässt du deine Welt nicht so, wie sie war in den letzten vierzig Tagen? Endlich war sie so, wie wir sie uns wünschten; endlich war unser Lebensraum grenzenlos; endlich kein Land mehr im Wege! So dankbar waren wir dir, Herr, dass du die Welt dem Menschen wegnahmst und sie uns schenktest. Dein Lob haben wir gesungen. Und wenn wir auch stumm sind, so hast du uns doch gehört - sind wir doch deine Geschöpfe, die du liebst. O Herr, warum ist das alles wieder zu Ende?"
So - habe ich mir vorgestellt - so könnten die Fische gebetet haben an dem Tag, an dem Noah mit den Seinen aus der Arche ging und sein Gotteslob auf seine Weise zum Himmel steigen ließ.
"O Herr, warum wir? Warum lässt du es zu, dass einer uns das Leben nimmt, uns verbrennt auf deinen Altären. Warum lässt du es zu, dass unsere Leben geopfert wird, um dich zu loben? Warum darf der Mensch mit uns umgehen wie mit einer Sache? Warum darf er uns opfern auf den Altären seines Fortschritts und seiner Wissenschaft? Warum rettest du den Menschen, der doch die Vernichtung verdient hat, wie du selbst weißt? Warum vernichtetest du so viele von uns mit den Menschen - und lässt die Vernichtung der wenigen Geretteten zu? 'Das Dichten und Trachten des menschlichen Herzens ist böse von Jugend auf', so hast du selbst es gesagt, Herr. Sind wir nicht auch deine Geschöpfe, die du liebst. O Herr, warum?"
So - habe ich mir vorgestellt - so könnten die Tiere - Vieh und Vögel zu Gott geschrien haben mit ihren uns unverständlich Stimmen, als sie - kaum gerettet vor der Flut, die um des Menschen willen kam - unter dem Messer Noahs verbluteten.

Zuerst war das nur so eine Idee, aus dem Augenblick heraus geboren, fast nur ein "Gag"; aber je mehr ich darüber nachdachte, desto mehr setzte sich das fest: Einmal die alten Geschichten ganz neu sehen, aus einer ganz anderen Perspektive, aus einer ganz fremden Sicht - vor allem: Einmal diese Geschichte nicht sehen aus der Sicht des Menschen - nicht aus der Sicht derer, die in der großen Flut ertranken, nicht aus der

Sicht der wenigen, die überlebten - sie einmal sehen aus der Sicht der Mitgeschöpfe, deren Lebensraum wir Menschen einengen und belasten, vernichten und zerstören; einmal mit den Augen der Mitlebewesen sehen, die wir opfern - aber schon lange nicht mehr Gott, sondern allein unseren Interessen - als Mittel zum Zweck, zu unseren Zwecken. Und der Mensch macht ja nicht einmal Halt vor Seinesgleichen: Auch unzählige Menschen wurden und werden geopfert - auf den Altären des Nationalismus oder des Rassenwahns - auf den Altären des Erfolgs und des Profits

Der "liebliche Geruch" der zum Himmel steigt - der Geruch des geopferten Geschöpfes war Gott vielleicht so "lieblich" nicht - dieser Geruch der geopferten Lebens ist es jedenfalls, der Gott "in seinem Herzen sprechen" lässt - einen Satz sprechen lässt, dessen Tragweite gar nicht weit genug gesehen werden kann: "Ich will hinfort nicht mehr die Erde verfluchen um des Menschen willen...". Wenn denn jemals der Mensch "Krone der Schöpfung" war, Mitte und Maß, Zweck und Ziel all dessen, was Gott schuf - spätestens von jetzt an kann er es nicht mehr sein - spätestens von diesem Zeitpunkt an ist er nicht mehr als die anderen Geschöpfe - nicht mehr von ihm, dem Menschen, hängt ab, ob und wie Gott seine Schöpfung, seine Welt, erhält - ja, Gott legt sich sogar selbst fest, bindet sich selbst mit einem Versprechen, einem Schwur: "Ich will hinfort nicht mehr schlagen alles, was da lebt, wie ich getan habe. Solange die Erde steht soll nicht aufhören Saat und Ernte, Frost und Hitze, Sommer und Winter, Tag und Nacht".

Nie wieder - was immer der Mensch, was immer Ihr oder ich oder irgendwer tun oder unterlassen mag, will Gott Leben vernichten. Nie soll der Kreislauf aufhören, der die Welt in Gang hält, unabhängig gottlob von uns - der Wechsel der Tageszeiten und der Jahre - der Wechsel der Jahreszeiten und des Wetters - der Wechsel von Beginn und Ende, Aussaat und Ernte, Mühe und Muße, Arbeit und Genießen des Erarbeiteten - des Kreislaufs von Alltag und Fest.

Und trotzdem ein anscheinender Widerspruch: Trotzdem wir, die Menschen etwas Besonderes – auch in den Augen Gottes: „Ein Bild, das uns gleich sei!“, wie es am

Anfang der Bibel, in der Schöpfungsgeschichte zu lesen ist.
Und trotzdem etwas Besonderes – auch in den Augen Jesu: Die einzige Geschöpfe, die getauft werden sollen.
So wie jeder Sonntag eine Erinnerung an die Auferstehung ist, so ist – denke ich – jeder Gottesdienst auch eine Erinnerung daran: An das, was Jesus Christus bei der Taufe uns zugesagt, versprochen hat: "Siehe, ich bin bei euch alle Tage bis an der Welt Ende"!
Wie sich die Worte gleichen: "bis an der Welt Ende" und "Solange die Erde steht" - wie sehr sich die Gedanken ähneln: Was zum Leben dient "soll nicht aufhören" und "Ich bin bei euch alle Tage" - In der Taufe bestätigt Gott seinen Segen für uns alle - er bestätigt diesen Segen ohne dass wir ihm opfern müssten, denn Jesus Christus hat sich für uns geopfert und damit allem Opfern ein Ende gesetzt - jedes Opfer danach geschieht nicht für, sondern gegen Gott!
Wir können alle nach unsrer Taufe auf ein gutes Stück Lebensweg zurückblicken, der - ob bewusst oder unbewusst – immer auch geprägt war davon, dass Gott sein Versprechen eingehalten hat, die Welt nicht zu vernichten (so viele Anstrengungen Menschen auch unternommen haben, es selber zu tun!), ein Stück Weg, das - ob bewusst oder unbewusst - auch davon getragen war, dass Jesus Christus das Versprechen seiner Nähe wahrgemacht hat. Schön wäre es, wenn wir Spuren dieser Nähe entdecken könntet.
Heute wie an jedem Tag, an jedem Sonntag zumal, ist Anlass zum Dank für diese Jahre. Dank, der Folgen haben kann. So wie Noah ja auch nicht mit Worten allein Gott dankt, sondern mit der Tat. Er tut das mit dem Opfer - vielleicht ist es für uns an der Zeit, unseren Dank damit abzustatten, dass wir uns dagegen wehren, dass Leben geopfert wird - wie auch immer...!
Denn der ganzen Welt und der ganzen Schöpfung gilt die Segenszusage Gottes.

Drittletzter Sonntag im Kirchenjahr 1. Thessalonischer 5, 1 - 6

Man muss ja wohl kein Kind sein, um sich im Dunkeln zu fürchten, um zu verstehen, was der Apostel meint mit seinen Bild von den „Kindern der Finsternis" und von dem Dunkel, das Menschen umgibt wie die Nacht. Wer in der Finsternis unterwegs ist, der weiß nicht wohin es geht - es kann die ganz falsche Richtung sein - man kann sich im Kreis drehen - jedes noch so kleine Hindernis lässt einen stolpern - der Abgrund, der sich unerkannt auftut, kann das Ende bedeuten - und so geht es auch dem, der schlaftrunken, halbwach seinen Weg geht.

Ein Mensch, der in der Finsternis unterwegs ist, der wird leicht mutlos und verliert bald die Hoffnung - aus dem Halbschlaf wird der Tiefschlaf - oder er bewegt sich eben doch sinnlos weiter, bis seine Kraft zu Ende ist...

Viele Menschen heutzutage sagen, dass es in unserer Welt für Viele finster geworden ist - dass Zuversicht und Hoffnung abnehmen und Resignation wächst, weil die einstmals so sicher und deutlich scheinenden Wege nicht mehr erkennbar seien: Wege zu Wachstum und Vollbeschäftigung - Wege zu sinnvollem und erfüllten Leben - Wege zum Glauben und zum rechten Tun - Wege zum Mitmenschen und zu allen Mitgeschöpfen - Wege zum Frieden und zur Sicherheit in der Welt angesichts von ungelösten Konflikten zwischen Palästinensern und Israelis; vom Irak, der nicht zur Ruhe kommt, von diktatorisch gelenkten Staaten, die nach Atomwaffen streben; von Gewaltherrschern, die gegen ihr eigenes Volk nur Gewalt kennen; von Unsicherheit nach Revolutionen; angesichts der weltweiten Bedrohung durch den Terrorismus. Die alten Wege - so empfinden es viele - erweisen sich als Irrwege: Krieg ist nicht die Fortsetzung der Politik mit anderen Mitteln, Friede scheint durch Waffen nicht errungen und gesichert zu werden – ebenso wenig wie Passivität, Appeasement, Duldung von Gewalt und Gewaltvorbereitung es sind. Und neue, neue Wege scheinen sich nicht aufzutun.

Und bei dem allen gilt es zu bedenken: Es gibt ja eben nicht nur die Finsternis, die von außen kommt, die Bedrohung durch den Mitmenschen oder die Verhältnisse - da gibt es auch die Finsternis, die im Menschen selber steckt - die dunklen Ecken in mir, in denen all das steckt, was das Leben schwer macht: Angst oder Kleinglauben, Egoismus oder Hass, Neid oder Streitsucht, Rücksichtslosigkeit oder Rechthaberei, Ungeduld oder Empfindlichkeit - und sie bleiben eben nicht in den dunklen Ecken, sondern manchmal kommen sie hervor und verdunkeln mein Leben und dann auch das anderer.

Was ist zu tun, was ist zu tun möglich?

Es scheinen sich jedenfalls viele Menschen damit abzufinden, mit all diesen Finsternissen, die uns umgeben - die Jungen, die "no future" (keine Zukunft) zu ihrem Motto machen oder die Alten, die nur noch von Vergangenem träumen - viele hoffen nicht mehr, erwarten nichts mehr, bewegen sich nicht mehr - und von Gottes Zukunft, vom "Tag des Herrn", davon wissen schon viele nicht einmal mehr etwas...

Andere aber, die meinen, Licht zu sehen in der Finsternis, meinen, ihnen sei ein Licht aufgegangen - oder meistens: Da gäbe es welche, die ihnen die Erleuchtung gebracht hätten - das Licht, das endlich wieder einen Weg zeigt und ein Ziel.

Ich erinnere mich sehr intensiv an einen Ausschnitt aus einem Wochenschaufilm, an den viele von uns Älteren sich sicher auch erinnern werden - aufgenommen vor über 75 Jahren: In der Dunkelheit bewegt sich eine unendlich erscheinende Schlange aus Licht durch das Bild, lange Reihen von Fackeln tragenden Menschen, deren Uniformen man nur ahnt. "Machtergreifung" hat man das dann genannt - und als das geschah, was da mit dem Lichtzug gefeiert wurde, da haben viele gehofft - da haben viele geglaubt, was gesagt wurde (mit Worten des Predigttextes:) "Es ist Friede, es ist keine Gefahr" - und es ist so gekommen, wie der Apostel es beschreibt: "dann" hat "sie das Verderben schnell überfallen ... und sie" konnten "nicht entfliehen" - nicht der Finsternis, die über unser Volk und über Europa sich senkte, und die man wohl spätestens dann erkennen konnte, als schließlich ganze Städte brannten. Es schien hell zu werden - und in Wirklichkeit war das der Überfall der Finsternis von außen - und

es war der Beginn einer Entwicklung, die die Finsternis im Inneren des Menschen bei vielen nach außen dringen ließ.
"In Europa gehen die Lichter aus" - so hat das einst einer der wenigen formuliert, die erkannten, dass das Licht jenes Fackelzuges nicht erleuchtete, sondern blendete, nicht hellsichtig, sondern blind machte, nicht den Weg zeigte, sondern den Irrweg.
Wenn der Apostel davor warnt, den "Tag des Herrn" zu verwechseln mit den Tagen all derer, die gern Herren wären in dieser Welt - dann ist für mich dieses Beispiel wirklich erhellend und macht mich skeptisch gegenüber all den Versuchen, heute Licht in das menschliche Leben zu bringen - ob nun von Idealisten oder Ideologen, von religiösen Führern oder politischen ... da ist viel Blendwerk, da gibt es viel Irrlichter, da gibt es viel bengalische Beleuchtung...
Der Apostel spricht von einem Licht, das nicht von Menschen gemacht und gebracht wird. Er spricht von Gottes Licht, das in die Welt hineinscheint - hineinschien in und durch Jesus Christus - und auch heute von Ferne, aus der Zukunft in diese Welt einen hellen Schein wirft.
Einer meiner Vikare hat mir zu meiner Einführung etwas geschenkt: Das Modell eines Leuchtturms, der lange in der Nähe unseres jetzigen Wohnorts stand: So verstehe ich das: Der Lichtkegel eines solchen Leuchtturm ist ja nicht immer zu sehen - es streicht über Land und Meer - es gibt Zeiten, da sehe ich diese Licht ganz deutlich, da leuchtet es meinen Weg ganz und gar aus - da kann ich gehen, weil ich das Ziel sehen mit schnellen, festen Schritten, weil ich kein Hindernis fürchten muss - und dann gibt es wieder Zeiten, da scheint das Licht nicht zu leuchten, da ist es dunkel, da scheint es fast noch dunkler zu sein als vorher - aber: Das Licht leuchtet weiter, auch wenn ich es zeitweise nicht sehen - "Gottes Liebe ist wie die Sonne; sie
ist immer und überall da - so heißt es in einem neuen Lied - und Gottes Liebe, das ist eben das Licht, von dem die Rede ist: Jesus Christus ist das "Licht der Welt", das aus der Vergangenheit in unsere Welt scheint - er hat die Finsternis erhellt und Menschen, denen er begegnete zu "Kindern des Lichtes" gemacht - auch ganz finstere Burschen

wie den Oberzöllner Zachäus und andere sprichwörtliche Sünder - Blinden hat der das Augenlicht wiedergegeben ...

Jesus Christus ist auch das Licht, das aus der Zukunft Gottes in unsere Welt scheint, denn in derselben Liebe zu allen Geschöpfen Gottes wird er wiederkommen in diese Welt am "Tag des Herrn" - von dem wir Tag und Stunde nicht wissen müssen, weil es nicht darum geht, sich 5 Minuten vorher darauf einzustellen, sondern darum, sich immer daran zu orientieren: An dem, der ein kleines Kind wurde, damit niemand sich vor der Gegenwart Gottes fürchten müssten - an dem, der unser Leben geteilt hat - an dem, der unser Leid, unsere Verlassenheit, unsere Not teilte und auf sich nahm - an dem, der unseren Tod starb - an dem, an dem Gott zeigte, dass das Leben nicht endet... Darum kann es eigentlich nie ganz finster werden in dieser Welt.

Vorletzter Sonntag im Kirchenjahr (Volkstrauertag)

2. Korinther 5, 1-10

Meine Gedanken sind hängengeblieben an dem Wort „abbrechen": So manches „bricht ab", heute in unserer Zeit, bröckelt, wird schwach, verschwindet ganz.
Gerade das, was wir Traditionen nennen, gehört dazu: Vieles, was vor Jahrzehnten selbstverständlich war, wird heutzutage genauso selbstverständlich nicht mehr wahrgenommen, nicht mehr praktiziert. Das ist, so sagen uns Fachleute, so können wir es selbst beobachten, in allen Bereichen des Lebens so - auch in der Kirche...
Und manchmal ist das sicher auch gut so - dass die unselige Tradition abgebrochen ist, an einem Tag wie heute „Heldengedenktag" zu begehen, so wie es früher war (und auch der Volkstrauertag hat durchaus einmal noch solche Züge gehabt!). Gut ist dieser Abbruch der Tradition weil dabei eben nicht nur der im Kriege Gefallenen gedacht wurde und dessen, was sie taten, sondern weil immer damit auch der Krieg selber verherrlicht wurde, und die Saat des Hasses ausgestreut, des Hasses auf frühere und zukünftige Gegner und Feinde.
Schlimm wäre es aber, wenn die Tradition abbrechen würde, die dieser Tag wirklich haben soll und auch hat: Das Gedenken - so wie es ja heißt - das Gedenken „an die Opfer von Krieg und Gewaltherrschaft".
Menschen sind zu Opfern geworden. Was das heißt, das will ich zu sagen versuchen in den Bildern und Vergleichen, die Paulus hier gebraucht - und dazu muss ich ein wenig ausholen:
Was mich als Jugendlicher am Volkstrauertag besonders beeindruckt hat und was mir bis heute in Erinnerung geblieben ist, das war eine Rundfunksendung, in der nichts anderes geschah, als dass aus Briefen von jungen Soldaten aus dem 1. Weltkrieg vorgelesen wurde, Briefe von jungen Männern, die sehr bald danach ums Leben gekommen waren. Und was mich so beeindruckt hat, mich auch wirklich unendlich traurig machte, das waren nicht die Schilderungen schlimmer Erlebnisse, sondern der

unendliche Gegensatz zwischen dem frühen Tod und dem, was die jungen Männer eigentlich aus ihrem Leben machen wollten; wenn sie von ihren Plänen schrieben, von ihren Hoffnungen und Sehnsüchte - und ich wusste: Nichts ist daraus geworden!

Im Bild gesprochen:

Sie waren dabei, das Haus ihres Lebens zu planen, zu gestalten, zu bauen; sie hatten die Fundamente gelegt durch Schule und Ausbildung - und jetzt wurde ihr Lebenshaus abgebrochen, ehe sie es überhaupt bauen, viel weniger sich einrichten und darin wohnen konnten. Und für die vielen anderen, deren Haus fertig war, die darin lebten, es mit Leben erfüllten, die vielleicht nur noch ihr Alter genießen wollten, für sie war es ja nicht anders - vielleicht sogar schlimmer - wenn z.B. mit dem Haus ihr Leben den Bombennächten zum Opfer fiel. Und so fielen auch die Leben derer in sich zusammen, die ihre Heimat verlassen mussten, die auf der Flucht umkamen. Und wie schrecklich wurden die Lebenshäuser derer zerstört, die in den Lagern verhungerten oder vergast wurden...

„Wenn unsere irdisches Haus, diese Hütte abgebrochen wird" - ja, was dann?

So gut es ist, dass wir uns in der Tradition dieses Tages erinnern lassen, wie dies millionenfach geschehen ist in den großen Kriegen und ihren Folgen ebenso wie in den vielen anderen, die nach dem zweiten Weltkrieg in vielen Teilen unserer Welt geführt wurden und werden: Korea, Vietnam, Golfregion; Jugoslawien, Nordirland, Palästina, Afghanistan, Libyen; von Baader-Meinhoff oder Osama Bin Laden, so gut dieses Gedenken ist, es gibt uns eigentlich keine Antwort auf diese Frage.

Es muss etwas anderes geben als die Trauer! Paulus schreibt: „darum seufzen wir auch" - er kennt die Trauer - natürlich, wie sollte er das nicht tun - aber er fährt fort: „und sehnen uns..." Für ihn ist das „Seufzen" weniger Ausdruck der Klage als Ausdruck der Sehnsucht - weniger Ausdruck der Trostlosigkeit als Beginn der Hoffnung.

Und so sehr ist er selbst dabei mit seinem Herzen, mit seinem ganzen Gefühl, daß er beginnt, die Bilder, die Vergleiche durcheinanderzuwerfen: So nahe rückt ihm das alles, dass ihm das Bild vom Haus, von der „Behausung" anscheinend nicht mehr ausreicht: „wir sehnen uns danach, dass wir mit unserer Behausung, die vom Himmel ist, überkleidet werden" Ohne Haus zu sein ist schlimm, ohne Kleidung unvergleichbar schlimmer - nackt ist der Mensch völlig schutzlos, ohne Wärme, allem ausgeliefert. Im Grunde, sagt Paulus, im Grunde sind wir Menschen in dieser Weise unbekleidet, selbst wenn wir uns in dieser Welt ein Haus gebaut haben, eine Hütte, ein Zelt ist es vielleicht nur - sind den Mächte des Todes ausgeliefert - und was könnte uns das zeigen, wenn nicht Gewaltherrschaft und Krieg, wo das Leben von Heute auf Morgen enden kann!? Bei Paulus mischt sich ein drittes Bild, ein dritter Vergleich hinein, wenn er vom „verschlingen" schreibt: So kann ich es verstehen: Der letztlich in dieser Welt unbehauste und unbekleidete, macht- und schutzlose Mensch wird verschlungen von dem größten Raubtier, das die Welt kennt: Vom Menschen selbst. Aber Paulus stellt die Bild sozusagen auf den Kopf und schreibt: „damit das Sterbliche verschlungen werde vom Leben". Und das heißt: Nicht die Machthaber dieser Welt, nicht die Verbrecher der Geschichte und Gegenwart, nicht die Diktatoren und Tyrannen, nicht die Terroristen und Kriegstreiber - nicht die Zerstörung, nicht der Tod ist die eigentliche, die wirklich Macht, sondern das Leben! „Der uns aber dazu bereitet hat, das ist Gott, der uns als Unterpfand den Geist gegeben hat". Gott, der Schöpfer alles Lebens ist es, der es auch erhält - er bekleidet uns mit seiner Liebe, damit wir nicht schutzlos sind; er baut ein Haus für uns, das niemals und von niemandem abgebrochen werden kann, er überwindet den Tod mit dem Leben, den Hass mit der Liebe, die Feindschaft mit der Versöhnung. Darum weist für uns dieser Volkstrauertag hinaus über die Trauer, orientiert sich nicht an der Vergangenheit allein, sondern weist in die Zukunft.

Buß- und Bettag Offenbarung 3, 14-22

Was hören wir, was höre ich - was nehme ich wirklich wahr von dem, was "der Geist den Gemeinden sagt"? Mit Beifall vielleicht die Schelte der "Laumänner", die nicht heiß und nicht kalt sind, nicht Fisch und nicht Fleisch: Ohne Ecken und Kanten, konturlos und ohne Profil, wendig und nicht zu fassen, nie einen Standpunkt und stets zum Kompromiss bereit, niemandem weh tun und allen nach dem Munde reden - nie ja oder nein, sondern immer nur "ganz entschieden vielleicht"; so kann man heutzutage Karriere machen - in Parteien und Organisationen - auch in den Kirchen: Die kirchlichen "Worte" zur Lage sind für viele Menschen Musterbeispiele für solches "Laue" - ob man nun die klare Aussage überhaupt scheut oder ob man - wie bei der Darstellung der Armut in unserem Land - die Veröffentlichung zurückhält bis nach den Wahlen. Und ich muss dem Kommentator in einer Tageszeitung zumindest ein Stück recht geben, als er seinerzeit auch in der Diskussion um den Buß-und Bettag als gesetzlichem Feiertag manche halbherzige Stellungnahme seitens der Kirche kritisiert und wohl die Aussage, es ginge "um ein Stück Feiertagskultur" zu recht in die Kategorie "lau" einordnete. Eine klarere Stellungnahme gab es übrigens zu der Angelegenheit von der katholischen Kirche!

Oder ich höre - wiederum mit Beifall - dass denen, die meinen, sie hätten Alles - und davon genug - sie seien reich und brauchten Nichts und Niemanden - dass denen gesagt wird, sie seien in Wirklichkeit elend, jämmerlich, arm und bloß und blind gegenüber ihrer Situation; und dass heute viele eher Jammern, spricht nicht dagegen: Auch für den, der das alles eher vermisst, bleibt der Wert des materiellen und geistigen Reichtums, des "Genughabens" und des Überflusses, der Selbständigkeit und des Selbstbewusstseins - bleibt der Wert all dessen bestehen. Wollte ich nicht denen immer schon sagen, dass sie sie irren, dass Reichtum sie verarmen lässt am "inwendigen Menschen"; oder dass es sie nicht reich macht, wenn sie allen möglichen Heilsbringern und Heilslehren nachlaufen - dass sie oft höchstens ihren Besitz und ihr Geld loswerden und dafür Abhängigkeit und Fremdbestimmung einhandeln. Wollte ich nicht immer schon sagen, dass kein Mensch ohne andere auskommt - und vor allem niemand ohne das, was Gott in Jesus Christus getan hat - ein für alle mal - und dass kein noch so großes Können und keine noch so großer Eifer die Gnade Gottes erarbeiten oder ersetzen kann.

Oder hören wir - gerne natürlich - dass er zu uns - ausgerechnet zu uns - kommen und das Abendmahl mit uns halten will - wie wir es vorbereitet haben auch für diesen Gottesdienst.

Oder hören wir wiederum mit Zustimmung den Ruf zum "Eifer in der Buße", in der Umkehr zu Jesus Christus, den Eifer im Hören auf sein "Anklopfen" an die Türen (der Herzen und der Häuser) - wir kennen doch genug Menschen, die der Umkehr bedürfen...

Aber - vielleicht haben wir das alles ja auch falsch gehört: "So sei nun eifrig und tue Buße" - dieses "Wort des Geistes" ist eine direkte Anrede, eine Anrede an Dich und mich - an jede und jeden von uns. Ich fürchte, da ist der Eifer weit geringer als bei dem, was andere betrifft! Aber, Buße fängt nun einmal wirklich bei mir selbst an - und nicht bei den anderen. Und Buße fängt nun einmal damit an, dass ich mich selber sehe - so wie ich bin und nicht so wie ich gern gesehen würde - dabei dass ich nicht mehr blind bin mir selbst gegenüber - selbst eingestehe, dass ich oft jämmerlich bin - weil ich immer wieder zu den "Lauen" gehöre, die das klare Wort und die klare Tat scheuen, wenn es mir Nachteile bringen könnte - dass ich oft den Mund halte, z.B. wenn Menschen in meiner Gegenwart die Parolen der Ewiggestrigen wiederholen, Vorurteile nähren, Fremde verteufeln, wenn sie Menschen beurteilen und verurteilen, falsch Zeugnis reden: dass ich schweige, anstatt meinen Glauben zu bekennen, wenn es nötig wäre - weil Menschen z.B. in meiner Gegenwart alles relativieren, alles für gleich-gültig zu halten und damit im Grunde alles für gleich-unwichtig; dass ich mir viel einbildete auf meinen Reichtum an Gaben und Begabungen, Kenntnissen und Fähigkeiten - und auf andere herabsehe, bei denen ich vieles nicht entdecke.

Ich bleibe blind gegenüber der Tatsache , dass eben alles Gabe ist, Geschenk; ich bleibe blind gegenüber meiner eigenen Armut, weil mir doch so vieles fehlt: Geduld und Verständnis; dass ich oft genug nicht höre, wenn Jesus Christus an meine Tür klopft - das Evangelium des vergangenen Sonntags erzählt, wie er als Richter der Endzeit den Menschen vorhält, dass sie ihm nicht zu Trinken und zu Essen gaben, ihn nicht kleideten und besuchten - weil sie es versäumt hatten, das alles "seinen geringsten Brüdern" zu tun - den Übersehenen und Übervorteilten, den Zukurzgekommenen - wie viele haben wohl auch in dem Jahr, das vergangen ist zwischen den beiden Bußtagen, vergeblich auf mich gewartet, nach Speise und Trank - auch im übertragenen Sinne - verlangt, ohne dass ich etwas zu geben bereit war; wie viele mögen sich nach der Wärme gesehnt haben, die ich vielleicht hätte geben können...!?

Buße fängt mit dieser Einsicht an, dass ich weder kalt noch warm bin, sondern lau; dass ich elend und jämmerlich bin, arm, blind und bloß - vor Gott und vor den Menschen - und sie setzt sich so fort, dass ich es auch ausspreche: Vor Gott und vor Jesus Christus allemal, wenn schon nicht gegenüber Menschen - und dass ich beides "eifrig" tue - nicht gezwungen sondern freiwillig; nicht im erstarrten Ritual, sondern so wie mir's ums's Herz ist; nicht an einem Tag im Jahr, sondern immer dann, wenn es nötig ist - täglich vielleicht!? Ich kann das alles tun, weil Buße nicht bei dieser Selbsterkenntnis und bei diesem Bekenntnis stehenbleibt - nein und auch nicht die guten Vorsätze oder das "ich will es nie wieder tun" verlangt - sondern weil Buße so weitergeht: Er, Jesus Christus, steht vor meiner Tür und klopft bei mir an - auf seine Stimme kann ich hören, auf seine Stimme, die mich zurechtweist, weil er mich lieb hat! Und auf seine Stimme, die sagt: Zu dir will ich hineinkommen in dein Herz und in dein Leben - mit dir will ich mein Abendmahl halte - mit dir will ich an einem Tisch sein als Zeichen der Gemeinschaft, mit dir will ich Brot und Wein - mich selbst - teilen, damit du zu mir gehörst, wie ich zu dir,; dir will ich mich in Brot und Wein schenken "zur Vergebung der Sünden", damit die Sünde in dir überwunden wird – und damit du dich selbst überwinden kannst.

Das sagt der, der "Amen" heißt - dessen Name also bedeutet: So ist es und zugleich: So soll es sein, der treue und wahrhaftige Zeuge, der Anfang der Schöpfung Gottes. Wer Ohren hat, der höre, was der Geist den Gemeinden sagt. Amen

Letzter Sonntag im Kirchenjahr (Ewigkeitssonntag / Totensonntag)

Jesaja 65, 17-29

Was "nehmen wir uns" mehr "zu Herzen" als dass Menschen, die zu unserem Leben gehörten, die wir geliebt haben, sterben müssen? Was nehmen wir uns mehr zu Herzen als die Realität in unserer Welt, dass unzählige "Kinder nur einige Tage leben" dürfen, und unzählige Menschen "ihre Jahre nicht erfüllen"- weil Kriege und Bürgerkriege, Terrorismus und politischer Wahn sie umbringen, Hunger und Armut sie töten, Krankheiten oder Unfälle ihnen das Leben nehmen? Und bei all dem: Was geht uns mehr zu Herzen als der Gedanke, dass auch wir einmal sterben müssen; als die Fragen nach dem "Wie" und "Wann" und dem "Was dann"?

"Zu früh!" Immer ist es eigentlich zu früh für uns, wenn wir Abschied nehmen müssen, selbst bei denen, denen wir die Ruhe gönnen nach einem langen, erfüllten Leben; selbst bei denen, denen wir den Frieden gönnen nach Lebens- und Leidenskampf, selbst bei denen, denen wir die Erlösung gönnen von Krankheit und Schmerzen. Zu früh, weil wir sie brauchten für unser Leben - als Gabe an uns und oft genauso als Aufgabe für uns; weil wir uns ein Leben ohne sie nicht vorstellen können und wollen und weil wir - wie jemand einmal sagte - uns geliebte Menschen nicht einfach wegdenken können.

Die Stimmen des Weinens und des Klagens verklingen nicht in unserer Welt - zu keiner Stunde - und oft müssen wir mit einstimmen - oder müssten es tun, würden es gern - aber wir schweigen oft auch, unterdrücken das Weinen, versuchen, das Klagen zu verdrängen. Vielleicht, weil wir uns unserer Gefühle schämen und meinen, immer stark sein zu müssen - oder weil wir andere nicht belasten wollen mit unserem Schmerz - oder weil wir fürchten, uns verstünde doch niemand? Vielleicht weil wir das Gefühl haben, dass uns doch niemand hört, wirklich hört, hören kann oder hören will. Und dann wird auch das Beten schwer, das Gespräch mit Gott, weil wir fürchten, dass auch er uns nicht hört, nicht versteht...?

Gegen dies alles, gegen diese alte Welt, wie sie unseren Erfahrungen entspricht; gegen all das, was unsere Herzen bewegt, beschwert, belastet - auch gegen diese Ängste setzt der Profet - setzt Gott selber durch die Worte, die er durch den Profeten sagen lässt - ein Gegenbild, das Bild einer anderen, einer neuen Welt - Himmel und Erde - in der die Weinenden und Klagenden nicht deshalb nicht zu hören sind, weil sie ihre Klage verschweigen und ihr Weinen unterdrücken oder weil ihre Klage überhört und ihr Weinen nicht zur Kenntnis genommen wird, sondern weil das Weinen zur Freude wird, und die Klage zur Fröhlichkeit. Eine Welt, in der uns das Leid und der Tod nicht mehr zu Herzen geht, nicht weil unsere Herzen sich verhärten würden, sondern weil es Leid und Tod, Krankheit und Sterben nicht mehr gibt. Eine Welt, in der niemand mehr das Gefühl haben wird, er werde nicht gehört, niemand befürchten muss, Gott könne das überhören, was ihn oder sie bewegt - bevor wir es selber wissen wird Gott hören und bevor wir es aussprechen wird Gott antworten ...

eine Welt so neu, dass die alte Welt völlig vergessen sein wird.

Bevor wir es wissen wird Gott hören - bevor wir es aussprechen wird Gott antworten.

Eine Utopie? Etwas, was keinen Ort hat? Fantasie, Wunschdenken - wie so viele meinen - Selbstbetrug und Täuschung?

Ist das denn überhaupt so? Ist es wirklich - wenn überhaupt - "Zukunftsmusik", wird das eigentlich im Irgendwann und Irgendwo einer unvorstellbaren Zukunft und eines undenkbaren Jenseits geschehen? Es ist doch längst geschehen, Wirklichkeit geworden! Gott hat ja schon gehört, ehe Menschen riefen - in Jesus Christus ist er allem zuvorgekommen; er hat geantwortet, ehe Menschen redeten - in Jesus Christus ist er in diese, unsere alte Welt gekommen und hat sie schon neu gemacht.

(Ich will das so erklären:)

Niemand hat Gott so in der Welt erwartet - nicht als König und triumphierender Sieger, nicht in Herrlichkeit und Macht und Unnahbarkeit ist er erschienen – ganz nahe ist er uns gekommen - und gerade dort ganz nahe, wo uns die Tränen kommen,und die Klage in uns aufsteigt - ganz nahe ist er uns gekommen, wo uns der zu frühe Tod geliebter Menschen traurig macht, und der Gedanke an den eigenen Tod uns ängstigt - gerade dort am Kreuz - und ich bin sicher, dass er uns hört, eben weil er unser Leben und Leiden geteilt hat - so wie ich sicher bin, dass unsere Mitmenschen unsere Klage hören und begreifen und unser Weinen verstehen und akzeptieren, weil sie genau wie wir selbst wissen, worum es wirklich geht...

Gott uns nahe im Leid und im Tod - aber das ist nicht das Ganze: In der Auferweckung Jesu Christi von den Toten ist Gott uns genauso nahe - obwohl es so schwer ist, diese Nähe zu verstehen - weil Auferstehung und neues Leben eben unsere Erfahrungen übersteigen, weil sie Zukunft sind für uns und noch keinen Ort haben in dieser Welt.

Steht darum das "Siehe" am Beginn der Profetenrede? Ja, es ist die immer neu an uns gerichtete inständige Bitte Gottes, unsere Augen weder vor dem zu verschließen, was es an Leid gibt in dieser Welt, in unserem Leben, wie vor der Gegenwart und der Zukunft der unendlichen Liebe Gottes, die alles überwinden wird.

Die zugrundeliegenden Bibeltexte sowie die biblischen Zitate folgen der Lutherbibel in der Revision von 1984; die Liedtexte dem Evangelischen Gesangbuch.

Inhaltsverzeichnis nach dem Kirchenjahr

Inhaltsverzeichnis nach den Predigttexten

Printed by Books on Demand GmbH, Norderstedt / Germany